Johanne DURIVAGE

ÉDUCATION ET
PSYCHOMOTRICITÉ

gaëtan morin
éditeur

gaëtan morin éditeur

C.P. 180, BOUCHERVILLE, QUÉBEC, CANADA

J4B 5E6   TÉL. : (514) 449-2369

ISBN 2-89105-229-3

Dépôt légal 1er trimestre 1987
Bibliothèque nationale du Québec
Bibliothèque nationale du Canada

ÉDUCATION ET PSYCHOMOTRICITÉ

234567890 GME89 8765432109

Révision linguistique : Marie-Josée Drolet

Distributeur exclusif pour l'Europe et l'Afrique :

Éditions Eska S.A.R.L.

30, rue de Domrémy
75013 Paris, France
Tél. : 583.62.02

On peut se procurer nos ouvrages chez les diffuseurs suivants :

Algérie

Entreprise nationale du livre
3, boul. Zirout Youcef
Alger
Tél. : (213) 63.92.67

Espagne

DIPSA
Francisco Aranda n° 43
Barcelone
Tél. : (34-3) 300.00.08

Portugal

LIDEL
Av. Praia de Victoria 14A
Lisbonne
Tél. : (351-19) 57.12.88

Algérie

Office des publications
  universitaires
1, Place Centrale
Ben-Aknoun (Alger)
Tél. : (213) 78.87.18

Tunisie

Société tunisienne
  de diffusion
5, av. de Carthage
Tunis
Tél. : (216-1) 255000

et dans les librairies universitaires des pays suivants :

Algérie	Côte-d'Ivoire	Luxembourg	Rwanda
Belgique	France	Mali	Sénégal
Cameroun	Gabon	Maroc	Suisse
Congo	Liban	Niger	Tchad

À ELSA

S'il est vrai
que l'esprit transcende la chair
et qu'il anime le corps,
ce dernier n'en demeure pas moins
pour nous mortels,
le support,
le carcan nécessaire,
l'enveloppe qui permet à l'esprit
de se manifester et de se libérer.

Mais ici comme ailleurs,
on ne peut se libérer
vraiment
que de ce que l'on maîtrise
réellement.

M. LAPOINTE

25 juin 1986

Avertissement

Nous signalons que les groupes d'âge indiqués dans les différents tableaux correspondent d'une part au début de l'acquisition du mouvement, d'autre part à la maîtrise de cette acquisition.

Remerciements

La réalisation de ce manuel a été possible grâce à un échange avec mes collègues et surtout avec Reta Landis de Robles, compagne d'université à Genève, collègue à Mexico et assistante dans ce travail. J'ai aussi reçu l'aide précieuse d'amis, entre autres Dora Esthela Rodriguez, Mariano Diaz Gutierrez, Germain Duclos, Jean Gagnon, Céline et Jean-Pierre Pépin, sans oublier le soutien, la générosité et l'encouragement de Marcel Lapointe.

Je remercie très sincèrement Diane Lalonde pour sa compréhension en tant que secrétaire dévouée tout au long de ce travail, de même que Louise Jolin et Louis Lecompte, bibliothécaires au Centre d'information sur la santé de l'enfant (C.I.S.E.) de l'hôpital Sainte-Justine.

Préface

Si la psychomotricité a su s'imposer dans plusieurs pays européens, elle demeure peu répandue en tant que discipline au Canada. Elle est utilisée pourtant par les ergothérapeutes, certains psycho-éducateurs, orthopédagogues et psychologues, mais les rédactions d'expériences et les réflexions théoriques publiées à ce jour sont bien clairsemées. Tout se passe parfois comme si les interventions diagnostiques ou thérapeutiques dans les sciences humaines pouvaient s'effectuer sans d'abord passer par le corps.

Il nous manquait un ouvrage écrit par un ou une praticienne capable de traduire en termes simples mais précis comment se fait le développement du petit enfant dans et à travers le corps. Il manquait aussi au personnel responsable des garderies, des maternelles et des services thérapeutiques à l'enfance, un guide pratique leur permettant d'aider le jeune enfant dans son épanouissement perceptuel et moteur.

JOHANNE DURIVAGE, thérapeute en psychomotricité, a voulu combler cette lacune en nous proposant ce livre. Après une première partie où elle nous décrit l'enracinement progressif du petit être humain dans un corps ressenti, agi et représenté, elle expose les actes essentiels d'une évaluation psychomotrice et les modalités d'une approche psychogestuelle.

Son livre me paraît précieux à plusieurs titres:

■ L'auteure clarifie des termes souvent utilisés de manière plus ou moins adéquate. Adaptation spatiale, orientation spatiale et structuration spatiale sont, par exemple, des notions employées trop souvent de façon synonyme. Il en est de même pour le temps, le schéma corporel, la perception ou la latéralité.

■ Elle rappelle aussi l'unité bio-psycho-sociale de l'être humain en laissant peut-être un peu trop de côté, à mon gré, la dynamique du désir chez l'enfant et dans son environnement, mais en sachant replacer fort habilement les concepts de PIAGET près de ceux trop oubliés de WALLON.

■ Par de nombreux tableaux, elle nous donne les points de repère essentiels pour reconnaître avec précision l'évolution du petit garçon ou de la petite fille.

■ Grâce à des schémas et à des dessins évocateurs, elle nous expose les exercices perceptivo-moteurs, les jeux et les expériences sensorielles que nous pouvons proposer à l'enfant pour faciliter sa progression.

Tout au long des pages, nous sentons constamment que les références s'enracinent dans une pratique quotidienne, que l'auteure se méfie des positions dogmatiques, propose une approche méthodologique non dans le sens de recettes à appliquer mais de suggestions permettant à chacun de repenser sa propre vision créatrice.

J'ai éprouvé personnellement beaucoup de satisfaction à lire ce travail d'une praticienne qui sait allier définition théorique et traduction d'un vécu clinique. Cette alliance est suffisamment rare pour souligner le fait. Le manuel de madame DURIVAGE me paraît constituer une bonne introduction au domaine de la psychomotricité et devrait redonner aux personnes responsables de jeunes enfants le désir de faciliter l'enracinement du jeune être humain dans un corps, un espace et un temps sans lesquels aucune identité ne peut se construire.

MICHEL LEMAY, m.d.
Psychiatre
Docteur ès lettres
Professeur titulaire
Faculté de médecine
Université de Montréal

TABLE DES MATIÈRES

Liste des figures et des tableaux

INTRODUCTION

Tous les auteurs et les praticiens* reconnaissent maintenant l'influence indéniable du milieu de vie de l'enfant sur son développement global et spécifique. Tous admettent également l'impact des premières années de vie et même des premiers mois sur le développement et l'actualisation du potentiel de chaque enfant.

Parmi les ouvrages abondants et diversifiés portant sur l'éducation, plusieurs traitent de l'éducation en bas âge et un certain nombre abordent le domaine de la psychomotricité. Ils contiennent souvent de nombreuses données théoriques qui empêchent parfois le parent ou l'éducateur d'avoir une vue claire, pratique et globale de l'enfant.

Le présent volume est le résultat d'une recherche réalisée à Mexico et portant sur la création d'un modèle pédagogique élaboré à partir de l'étude du développement psychomoteur de l'enfant. Ce modèle a été conçu comme un guide et un outil destinés aux éducateurs dans leur travail d'éveil et de stimulation du potentiel psychomoteur, intellectuel et affectif des enfants d'âge préscolaire et élémentaire. Le livre s'adresse également aux personnes spécialisées ou non qui s'intéressent à la psychomotricité, au développement du jeune enfant et au dépistage des troubles psychomoteurs. Notre objectif a été de fournir un outil de travail pratique accompagné d'une méthode facile à suivre pour les praticiens.

L'ouvrage comprend deux parties. Dans la première, nous exposons d'abord les principaux concepts relatifs à la psychomotricité qui en faciliteront la compréhension d'un point de vue théorique; il s'agit du développement de l'intelligence, de l'évolution motrice et du développement de la personnalité. Par la suite, nous présentons le développement psychomoteur à travers ses aspects neurologiques, physiologiques et psychologiques. Pour terminer cette première partie, nous traitons des concepts pédagogiques reliés à la psychomotricité et mettons en

---

* Dans un souci de concision, l'auteure a choisi de privilégier le genre masculin non marqué dans son ouvrage, s'adressant ainsi tant aux lectrices qu'aux lecteurs.

relief la relation entre l'éducation psychomotrice et l'apprentissage scolaire. Nous identifions également certains troubles psychomoteurs qui peuvent constituer un obstacle à l'apprentissage.

La deuxième partie porte sur la mise en application des principes psychomoteurs analysés dans la première. Elle contient l'aspect méthodologique, soit un bilan et un profil psychomoteurs, et enfin des exercices constituant un apport précieux à la pratique de l'éducateur car ils favoriseront chez lui une meilleure observation et une plus grande créativité. On y trouvera aussi une «classe type» où les activités proposées correspondent au niveau de développement psychomoteur des groupes d'âge préscolaire et élémentaire.

Première partie

ASPECTS THÉORIQUES

DE LA PSYCHOMOTRICITÉ

Chapitre 1

LA PSYCHOMOTRICITÉ

DÉFINITION

La *psychomotricité* en tant que discipline a pour objet principal l'étude de la relation entre le corps, ses mouvements et les fonctions mentales de l'enfant. Son but est de favoriser ou de rétablir un développement harmonieux des fonctions psychomotrices, en vue d'une meilleure adaptation de l'enfant à son milieu.

Ses deux grands champs d'application sont l'éducation et la rééducation psychomotrices. L'éducation psychomotrice s'adresse à tous les enfants d'âge préscolaire et vise surtout à favoriser le développement psychomoteur normal de l'enfant. C'est au cours de cette étape que l'éducateur pourra identifier certains retards ou certains troubles plus spécifiques dans une perspective de dépistage et de prévention. Pour sa part, la rééducation tend à l'amélioration des fonctions psychomotrices déficitaires et à l'acquisition d'un style psychomoteur plus adéquat.

Pour atteindre ces objectifs, le moyen ou l'instrument que nous privilégions est le *bilan psychomoteur*. Il consiste en une série d'exercices qui font appel aux principales fonctions psychomotrices telles que: motricité, schéma corporel, espace, temps. Les performances de l'enfant ou du groupe d'enfants dans ces épreuves nous permettront d'établir un *profil psychomoteur* individuel ou collectif, à partir duquel nous établirons un programme d'activités psychomotrices.

SURVOL HISTORIQUE

C'est à ERNEST DUPRÉ, neurologue de l'hôpital Sainte-Anne de Paris, que l'on doit la première utilisation de la notion de motricité. En effet, c'est au début du xxᵉ siècle qu'il identifie et décrit ainsi le syndrome de débilité motrice: l'insuffisance et l'imperfection des fonctions motrices considérées dans leur adaptation aux actes ordinaires de la vie. C'est à partir de sa description qu'on aborde plus tard, par le biais de la neurologie, les problèmes évolutifs de l'organisation de la motilité et les caractéristiques de ces dérèglements au cours du développement.

D'autres auteurs tels que AJURIAGUERRA, WALLON, GESELL, PIAGET, PICK et VAYER ont à leur tour enrichi la recherche en psychomotricité, par des travaux touchant différents aspects du développement normal ou pathologique. On trouvera les références de leurs principaux ouvrages en la matière dans la bibliographie située à la fin du volume.

C'est en 1947 à l'hôpital Henri-Rousselle de Paris qu'on expérimente les premières techniques de rééducation psychomotrice appliquées à des enfants normaux présentant des désordres psychomoteurs. Mais ce n'est qu'au début des années 1960 qu'apparaissent différentes écoles de formation de rééducateurs en psychomotricité, dont les principales se trouvent à Paris et à Genève.

À Genève, JULIAN DE AJURIAGUERRA et SUZANNE NAVILLE examinent un grand nombre d'enfants qui présentent des problèmes de comportement et d'apprentissage et qui ne répondent pas à une thérapie traditionnelle. À partir d'expériences concluantes auprès de ces enfants, les deux chercheurs proposent l'éducation des mouvements du corps tant pour les enfants normaux que pour les enfants affectés par des troubles d'apprentissage ou des troubles psychiatriques graves. C'est ainsi que prennent forme les fondements de cette nouvelle approche. En France, différentes écoles de formation s'inspirent des travaux de J. AJURIAGUERRA, dont celle de l'hôpital de la Salpêtrière de Paris et celle de Mazo-Soubiran qui les ont adaptés à la neuropsychiatrie.

LES PRINCIPES DE BASE DE LA PSYCHOMOTRICITÉ

La psychomotricité s'appuie sur un certain nombre de principes de base qui sont:

■   l'unité psycho-affectivo-motrice;

■ la prédominance du corps comme agent de relation;

■ l'accent sur le fond psychomoteur plutôt que sur la forme;

■ le développement hiérarchisé;

■ le respect des particularités individuelles.

L'UNITÉ PSYCHO-AFFECTIVO-MOTRICE

Il s'agit de l'existence d'étroites interactions et corrélations entre les fonctions motrices, affectives et cognitives chez l'individu. Ainsi, un retard dans le développement de certaines structures cognitives se reflétera très souvent dans le comportement psychomoteur. De même, une dysfonction ou un retard au niveau psychomoteur auront très souvent des répercussions sur le fonctionnement cognitif ou affectif. C'est pourquoi, dans son intervention, l'éducateur devra toujours tenir compte de cette unité pour obtenir des résultats efficaces.

LA PRÉDOMINANCE DU CORPS COMME AGENT DE RELATION

En psychomotricité, c'est le corps de l'enfant qui tient le rôle de premier agent de relation et de communication avec son environnement: c'est son corps qui lui permet d'intégrer progressivement la réalité extérieure, celle des autres, des objets, de l'espace et du temps.

Si les mouvements du nouveau-né ressemblent à des décharges musculaires et toniques sans grande signification, c'est tout de même ainsi qu'il exprime ses besoins et manifeste ses états d'être. C'est ensuite par ses gestes et ses déplacements dans l'espace (*locomotion*) que l'enfant choisira de s'approcher, de s'éloigner, de toucher différents objets, différentes personnes. Avant même d'acquérir le langage, • l'enfant communiquera avec son milieu environnant par son corps en mouvement, et le milieu communiquera avec lui à travers son corps (alimentation, caresses, soins, bain, etc.). C'est pourquoi le mouvement et le corps sont les moyens d'approche privilégiés en psychomotricité.

L'ACCENT PORTÉ SUR LE FOND PSYCHOMOTEUR PLUTÔT QUE SUR LA FORME

L'action éducatrice ou rééducatrice doit porter sur le fond psychomoteur plutôt que sur la forme ou sur les symptômes. En d'autres termes, il nous semble important de remonter aux sources, aux mécanismes de base, aux préalables. Plus que les effets, l'éducation ou la rééducation psychomotrice doit viser les causes; plus qu'un effet curatif, c'est surtout une action normalisante qu'elle doit rechercher.

L'éducation psychomotrice sera donc axée sur un développement normal et harmonieux par des programmes d'éducation adaptés; la rééducation psychomotrice sera orientée pour sa part vers une réorganisation fonctionnelle dans le cas d'arrêt ou de retard psychomoteur, par des programmes de rééducation appropriés.

LE DÉVELOPPEMENT HIÉRARCHISÉ

Le développement de l'enfant, que ce soit au point de vue affectif, cognitif ou moteur, se fait par périodes ou stades. Ces moments respectent un ordre d'apparition. Chaque nouveau stade contient un peu du précédent et annonce le prochain.

En éducation psychomotrice, le respect de ces étapes de développement et d'apparition est essentiel, tant dans l'évaluation que dans les programmes d'exercices. Par exemple, il est inutile d'essayer d'améliorer la motricité fine chez un enfant qui est incapable de dissociation des deux membres supérieurs.

LE RESPECT DES PARTICULARITÉS INDIVIDUELLES

Chaque enfant possède un style, une couleur, une dynamique et un langage psychomoteurs qui lui sont propres. En psychomotricité, la découverte, l'identification et le respect des traits caractéristiques de chaque enfant deviennent indispensables à son intégration et à son harmonisation dans un ensemble cohérent qui vise l'unité psycho-affectivo-motrice évoquée plus haut.

Chapitre 2

LE DÉVELOPPEMENT DE L'ENFANT

INTRODUCTION

Les facteurs biologiques et sociaux qui déterminent le développement de l'enfant sont multiples et complexes. Ils sont de plus indissociables et indispensables à l'évolution. Selon WINNICOTT (1975, p. 45), les facteurs héréditaires (biologiques) constituent le potentiel réel de l'enfant, et le milieu environnant (en particulier social) ne peut que les influencer de façon positive ou négative sans toutefois pouvoir les changer. Par conséquent, la forme et la qualité du développement général et du développement de la personnalité de l'enfant résultent de l'interaction de ces facteurs.

Quant à la maturation, LE BOULCH (1971, p. 225) est d'avis qu'elle dépend de l'évolution des structures neurophysiologiques de l'enfant d'une part, et des stimuli affectifs et sensoriels provenant du monde extérieur d'autre part. En d'autres termes, les capacités d'adaptation intellectuelle, affective et motrice de l'enfant sont le produit de l'interaction de son organisme avec le milieu environnant.

Ces deux types d'interaction sont à la base de la théorie du développement de l'intelligence de J. PIAGET. Ce dernier parle alors d'*assimilation*, d'*accommodation* et d'*adaptation* (BATTRO, 1966, p. 3-18). C'est en grande partie sur cette théorie et sur ses données de base que la psychomotricité s'appuie dans l'élaboration de ses concepts et de ses programmes.

LE DÉVELOPPEMENT DE L'INTELLIGENCE

À partir de l'observation de ses trois enfants et à la suite de ses recherches en psychologie génétique, PIAGET commence vers 1935 l'édification d'une théorie de la connaissance; il élabore les concepts de base relatifs au développement de l'intelligence, entre autres les suivants:

■ *Le développement des fonctions mentales s'inscrit dans l'évolution de l'être humain (c'est l'*aspect psychogénétique *du développement).*

■ *L'individu et le milieu sont en interrelation constante (*aspect psychosocial *du développement).*

En étudiant systématiquement et expérimentalement les notions de causalité physique chez l'enfant, la genèse du nombre, la formation du symbole, les notions de vitesse, de mouvement, de temps, d'espace, le jugement, le raisonnement, la logique, etc., PIAGET édifie sa théorie fondée sur certaines de ses convictions les plus profondes. Contrairement aux empiristes, il croit notamment que la connaissance des faits physiques découle non pas de l'expérience immédiate et des sensations, mais bien d'une intégration, d'une incorporation, d'une *assimilation* de l'objet à partir d'une *action sur lui.* En jouant avec un objet, l'enfant agit sur lui et le transforme (ne serait-ce qu'en modifiant sa position), d'où l'importance de l'action, du mouvement pour la formation de l'intelligence.

C'est dans cette perspective que se situe l'éducation psychomotrice, et c'est là qu'elle prend toute son importance comme moyen de stimulation et de développement des capacités d'apprentissage.

Selon PIAGET, on peut distinguer quatre grandes étapes principales dans le développement intellectuel de l'enfant:

1) l'intelligence sensorimotrice ou pratique (de la naissance à 18 - 24 mois);

2) l'intelligence préopératoire (de 18 - 24 mois à 7 - 8 ans);

3) les opérations concrètes (de 7 - 8 ans à 12 ans);

4) l'intelligence formelle (12 ans et plus).

LE STADE DE L'INTELLIGENCE SENSORIMOTRICE OU PRATIQUE

(De la naissance à 18 - 24 mois)

Le développement de l'intelligence dépend de l'action concrète de l'enfant, laquelle débute par les mouvements réflexes et l'éveil de la perception. Vers 3 mois apparaissent les premiers mouvements volontaires. Cette étape revêt une importance primordiale puisqu'elle est la base de la découverte future des notions d'objet, d'espace, de temps et de causalité.

L'intelligence se manifeste à travers l'action du bébé et sa capacité de capter une nouvelle situation, de la modifier en combinant des actes connus. Tout au long de cette étape, il n'y a pas encore de langage ni de pensée; c'est à la fin seulement qu'apparaît la représentation qui suppose la possibilité d'intérioriser des actions. Cette intériorisation marquera le passage du stade sensorimoteur au stade préopératoire.

LE STADE DE L'INTELLIGENCE PRÉOPÉRATOIRE

(De 18 - 24 mois à 7 - 8 ans)

Cette étape est marquée par le début de l'acquisition du langage et de la pensée[1]. L'enfant devient capable de représenter une chose par le moyen d'une autre, ce qu'on appelle la fonction symbolique. Cette fonction renforce l'intériorisation des actions qui a commencé à se manifester à la fin de l'étape précédente. Le deuxième stade se caractérise aussi par les facteurs suivants:

- Le *jeu* qui était jusqu'à maintenant un simple exercice moteur devient *symbolique* (2 - 7 ans). L'enfant peut imaginer des situations réelles ou imaginaires par des actions ou par des gestes (par exemple, imiter un chat).

- L'*imitation différée* apparaît (2 ans). L'enfant imite les activités des personnes qui l'entourent et il imite des situations passées dont il a été témoin (par exemple,

---

1. J. PIAGET, Six études de psychologie, 1968. Selon l'auteur, la pensée est une action intériorisée qui s'appuie, non sur l'action immédiate, mais plutôt sur un symbole.

imiter son père conduisant la voiture). L'imitation est une acquisition fondamentale qui mènera au stade de la pensée formelle. Elle marque le passage du stade sensorimoteur au stade préopératoire. Le prolongement de ce processus mène à l'imitation graphique et au dessin.

■ L'*image mentale* se développe (7 - 8 ans). C'est la représentation ou la reproduction, dans la pensée, d'un objet ou d'un fait réel qui n'est pas effectivement présent ou existant au moment où il est évoqué. Bref, l'enfant peut enfin imaginer les choses (par exemple, décrire le parcours pour aller à l'école).

■ L'*apprentissage du langage* débute (18 mois). Les premiers mots sont une forme d'expression, de représentation, de communication liées aux actions concrètes de l'enfant. Ses premières «phrases» sont des expressions globales que, souvent, seuls les parents arrivent à comprendre.

L'ensemble de ces phénomènes symboliques est nécessaire à l'élaboration de la pensée infantile. Durant cette étape, l'enfant reconstitue mentalement les acquisitions faites au stade sensorimoteur, grâce aux mécanismes de la représentation. Ce stade de construction de la pensée s'étend sur quelques années.

LE STADE DES OPÉRATIONS CONCRÈTES

(De 7 - 8 ans à 12 ans)

À cet âge, la logique de l'enfant repose encore sur les actions concrètes. Il est capable d'*opérer*, c'est-à-dire de faire une action intériorisée ou symbolique, d'*établir des liens* et de *résoudre des problèmes* à l'aide d'*objets* (PIAGET, 1968). On note toutefois un changement important durant cette étape: dans l'organisation de ses actions, l'enfant acquiert la réversibilité opératoire, c'est-à-dire qu'il arrive à utiliser sa pensée dans les deux sens: aller et retour (par exemple, il sait que si 3 + 1 = 4, 4 - 1 = 3).

Grâce à cette nouvelle acquisition, il élabore de nouvelles structures logiques élémentaires qui aboutiront aux notions de classification, de sériation, d'espace, et qui donneront naissance entre autres aux concepts de nombre et de temps.

LE STADE DE L'INTELLIGENCE FORMELLE

(12 ans et plus)

La pensée formelle se caractérise par la capacité qu'a l'enfant d'opérer avec un matériel symbolique et un système de signes selon un cheminement hypothético-déductif: l'enfant *opère sur des opérations* (PIAGET, 1968). Cette acquisition suppose le passage à une nouvelle logique, appelée la logique des propositions, par laquelle l'intelligence atteindra son dernier stade de développement.

Tout au long de ces quatre étapes, il est évident que l'intelligence s'alimente à même les actions concrètes exercées par l'enfant sur les objets, c'est-à-dire à travers le mouvement. Il s'agit d'un processus physiologique, affectif et intellectuel:

■ *physiologique* dans le sens où l'organisme a besoin d'exercer des fonctions, d'utiliser des organes, sinon c'est l'atrophie, la mort;

■ *affectif* dans le sens où l'organisme a besoin de combler ses appétences, que ce soit pour satisfaire son appétit, ses goûts, ses désirs, ses sentiments;

■ *intellectuel* dans le sens où l'organisme a besoin de se servir de ses capacités, de ses structures mentales pour s'alimenter, pour résoudre des problèmes, pour satisfaire ses divers besoins.

PIAGET explique ce processus par le concept d'*équilibre - déséquilibre* qui est présent tout au long de l'évolution de l'enfant. À tout moment, l'action se déséquilibre devant les obstacles externes ou internes qui surgissent, que ce soit par la confrontation avec le milieu environnant ou par l'acquisition progressive de la maturation. La nature même du développement psychomoteur est de rétablir l'équilibre et de l'améliorer à chaque fois.

En éducation psychomotrice, on envisage ce *principe d'équilibre - déséquilibre* comme un facteur de développement, de progrès, d'évolution. En effet, lorsque l'enfant aura atteint une certaine maîtrise dans l'exécution d'un exercice donné, on lui présentera un *exercice déséquilibrant*, c'est-à-dire à la fois semblable et différent du précédent (par exemple, l'enfant saute par-dessus un ballon à pieds joints puis il refait le même exercice mais cette fois en tenant un ballon dans les mains).

Chacune des actions posées par l'enfant devient une nouvelle expérience et s'inscrit à l'intérieur de schémas plus vastes et plus complexes qui lui permettent d'arriver à composer plusieurs éléments à la fois.

Par exemple, on demande à l'enfant, dans un premier temps, de marcher de la porte de la salle jusqu'à un objet quelconque, disons une chaise, sans autre directive; dans un deuxième temps, on lui demande de faire le même trajet, mais cette fois en dix secondes; dans un troisième temps, on lui demande de répéter son action dans le même laps de temps mais en tapant des mains.

Ainsi, à partir d'un exercice simple comprenant un élément d'espace, on ajoute graduellement un élément de temps puis un élément moteur. La réussite de l'exercice dépend donc de la coordination des facteurs espace - temps - motricité. Le temps nécessaire à l'élaboration de ce processus est variable et dépend de différents facteurs comme l'hérédité, la maturation, le développement physique, l'expérience pratique, l'éducation en général, etc.

LE DÉVELOPPEMENT MOTEUR

Le développement moteur, dont le niveau atteint par l'enfant se vérifie par sa capacité de bouger et par la qualité du mouvement, dépend essentiellement de deux facteurs: la maturation du système nerveux et l'évolution du tonus.

LA MATURATION DU SYSTÈME NERVEUX

La maturation du système nerveux, ou myélinisation des fibres nerveuses, suit deux lois: la *loi céphalo-caudale* (de la tête aux membres inférieurs) et la *loi proximo-distale* (de l'axe aux extrémités des membres). Ce sont ces lois qui expliquent les mouvements globaux et brusques dans les premiers mois de la vie. Chez les jeunes enfants, le degré de précision des mouvements réalisés dépend de la maturation du système nerveux (figure 2.1.).

FIGURE 2.1.   La maturation du système nerveux

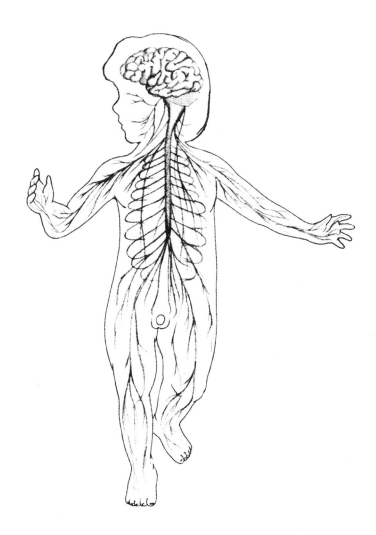

L'ÉVOLUTION DU TONUS

Le tonus est en quelque sorte l'étoffe sur laquelle s'appuient les contractions musculaires et les mouvements; c'est lui qui est responsable de toute activité corporelle et qui est à la base de l'équilibre nécessaire à l'enfant pour prendre différentes positions.

Selon WALLON (1956):

«Le tonus est ce qui peut maintenir les muscles dans la forme que leur a donnée le mouvement si celui-ci vient à s'interrompre. Il accompagne le mouvement pour en soutenir l'effort dans la mesure des résistances rencontrées, mais il peut s'en dissocier et le transformer en une attitude stable, c'est-à-dire en immobilité.»

Le tonus[2] évolue de la façon suivante. À la naissance, il se manifeste par une hypertonie des membres et par une hypotonie du tronc. Peu à peu, jusqu'à l'âge de 3 ans, le tonus se modifie et devient plus consistant, permettant ainsi une meilleure agilité même si les mouvements de l'enfant demeurent encore freinés par un manque de régulation tonique. À cet âge, l'évolution du tonus se poursuit selon deux facteurs: le type de l'enfant (athlétique, asthénique, etc.) et son âge. Un phénomène particulier surgit à cette période: il s'agit des syncinésies, ou mouvements involontaires durant l'activité, qui disparaissent vers l'âge de 10 ans[3].

Le développement moteur s'effectue en trois phases - de 0 à 6 mois, de 6 mois à 4 ans, de 4 ans à 7 ans - qui sont décrites en détail au tableau 2.1. avec leurs caractéristiques et les âges correspondants approximatifs.

L'étude longitudinale des acquisitions motrices a été le sujet de différentes recherches, dont les plus complètes sont celles d'AJURIAGUERRA et STAMBAK (1955), de même que celles de GESELL et ILG (1956). Ces travaux portent principalement sur le développement postural et l'apparition de la préhension, c'est-à-dire la capacité de voir l'objet, de s'en approcher, de le prendre dans les mains et de le manipuler.

---

2.   La qualité du tonus s'exprime par a) l'extensibilité musculaire, b) la mobilité et c) le relâchement musculaire appelé, selon sa manifestation, tonicité, hypertonie ou hypotonie.

3.   Par exemple, un enfant de 6 ans qui froisse un papier d'une main fera le même mouvement en même temps de l'autre main (syncinésie d'imitation).

TABLEAU 2.1.   Les trois phases du développement moteur

PREMIÈRE PHASE	DEUXIÈME PHASE	TROISIÈME PHASE
De la naissance à 6 mois	*De 6 mois à 4 ans*	*De 4 ans à 7 ans*
Elle se caractérise par une dépendance complète de l'activité réflexe, spécialement de la succion.	Elle se caractérise par l'organisation de nouvelles acquisitions motrices, qui demeure étroitement liée à l'organisation du tonus et de la maturation.	Elle se caractérise par l'automatisation des acquisitions motrices qui, nous l'avons déjà signalé, forment la base des futures acquisitions.
Vers 3 mois, le réflexe de succion disparaît en raison des stimulations extérieures qui engendrent le contrôle du mouvement et qui procurent une plus grande possibilité d'activités volontaires.	Au cours de cette phase, on observe une plus grande mobilité et une meilleure intégration des notions d'espace et de temps.	Au cours de cette phase, on observe une plus grande indépendance vis-à-vis de l'entourage.

SOURCE: AJURIAGUERRA, 1974, chap. VIII, p. 237-295.

Au tableau 2.2. sont décrites et illustrées les acquisitions les plus importantes du développement postural, selon un ordre chronologique.

TABLEAU 2.2.   Le développement postural: âges et acquisitions correspondantes

0 - 3 MOIS

Réactions globales, mouvements diffus et indifférenciés. Tout mouvement est fonction des besoins du nourrisson.

3 - 4 MOIS

Contrôle de la nuque. Le bébé peut lever la tête seul.

5 - 8 MOIS

Maîtrise de la position assise. Cette phase débute dès l'instant où le bébé se tient assis un moment avec l'aide d'un adulte; elle se termine lorsqu'il peut s'asseoir seul.

TABLEAU 2.2.   (suite)

8 - 9 MOIS

Acquisition de la position verticale. Le bébé se met d'abord à genoux, ensuite debout grâce à des appuis.

10 - 13 MOIS

Position debout sans appui.

12 - 16 MOIS

Apparition de la marche.

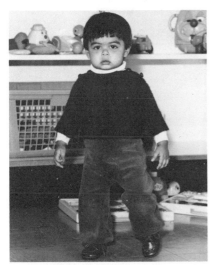

La préhension[4] apparaît parallèlement au cours de la phase de la position assise, c'est-à-dire entre 5 et 8 mois.

TABLEAU 2.3.   L'apprentissage de la préhension

---

4 - 7 MOIS

Début de la préhension, avec la paume.

7 - 8 MOIS

Perfectionnement de la préhension, avec la paume et le pouce.

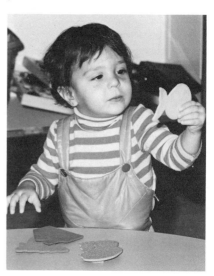

9 MOIS

Étape de la pince. Préhension d'un objet entre le pouce et l'index.

---

4.   Dans les mois antérieurs, le réflexe de grasping empêchait toute préhension: l'enfant pouvait saisir un objet mais n'arrivait pas à le relâcher volontairement.

L'acquisition de la station assise et l'affinement de la préhension offrent à l'enfant une nouvelle perspective du monde extérieur. Il peut maintenant agir seul et réaliser des activités plus précises. Par exemple, un bébé assis dans son siège peut parcourir du regard un grand espace rempli d'objets qu'il essaie d'attraper.

Au cours du développement, la fonction du mouvement se transforme. Durant l'étape sensorimotrice, le mouvement est générateur d'expériences concrètes essentielles à la formation de l'intelligence, qui est à ce moment-là de type pratique (exécution - action). Au cours de l'étape suivante, il s'intériorise grâce à la représentation. La manipulation d'objets et l'expérience vécue dans l'espace et le temps jouent un rôle déterminant dans l'élaboration de ce processus.

Les grandes phases du développement de l'intelligence et de la psychomotricité sont résumées et mises en parallèle aux tableaux 2.4., 2.5. et 2.6. Les notions énumérées sont par la suite explicitées dans les chapitres ultérieurs.

LE DÉVELOPPEMENT DE LA PERSONNALITÉ

LA FONCTION PSYCHOLOGIQUE DU TONUS

Comme nous l'avons déjà mentionné, le tonus est le support de toute activité corporelle. Sur le plan psychologique, il permet à l'enfant de traduire les émotions qui accompagnent toute communication. C'est par cette *expression non-verbale*, qui apparaît dès les premiers jours de la vie, que le nourrisson commence à exprimer la nature de ses relations avec le monde extérieur, et c'est à travers elle qu'il peut modifier ses attitudes, ses réactions.

Il exécute au départ des mouvements à la fois réflexes et diffus, c'est-à-dire des décharges motrices provoquées par ses états affectifs, que ce soit la satisfaction ou la colère.

TABLEAU 2.4.   Intelligence et psychomotricité: l'étape sensorimotrice (0 - 18 mois)

PSYCHO-MOTRICITÉ / INTELLIGENCE	MOTRICITÉ	SCHÉMA CORPOREL	LATÉRALITÉ	ESPACE	TEMPS
Perception vécue globalement.	*Motricité vécue globalement.*	*Corps vécu globalement.*	*Latéralité vécue globalement.*	*Espace vécu globalement.*	*Temps vécu globalement.*
■ Perception du visage maternel.	■ Acquisitions posturales: s'asseoir, ramper, marcher à quatre pattes, se tenir debout, marcher.	■ Relation symbiotique avec les parents.	■ Utilisation des deux côtés du corps, sans prédominance pour l'un ou l'autre.	■ Espace buccal, circulaire.	■ Exploration.
■ Reconnaissance de son nom et des bruits familiers.	■ Apparition des premiers automatismes.	■ Découverte de son corps: les pieds, les mains, etc.		■ Adaptation spatiale globale.	
■ Développement de la préhension.					

TABLEAU 2.5. Intelligence et psychomotricité: l'étape de la représentation préopératoire (18 mois – 7 ans)

PSYCHO-MOTRICITÉ / INTELLIGENCE	MOTRICITÉ	SCHÉMA CORPOREL	LATÉRALITÉ	ESPACE	TEMPS
Perception affinée.	*Motricité perçue.*	*Corps perçu.*	*Latéralité perçue.*	*Espace perçu.*	*Temps perçu.*
■ Discrimination des formes.	■ Coordination dynamique.	■ Imitation posturomotrice en miroir.	■ Début de la latéralisation.	■ Position du corps propre dans l'espace.	■ Adaptation à un rythme donné (5 ans).
■ Discrimination multiple des sons.	■ Dissociation des membres.	■ Imitation différée.	■ Période bi-manuelle.	■ Adaptation du corps à l'espace.	■ Perception de l'ordre des choses et des événements.
■ Discrimination visuelle plus détaillée.	■ Coordination visuomotrice.	■ Image globale et conscience du corps.	■ Prédominance presque établie.	■ Orientation du corps.	■ Orientation temporelle acquise.

TABLEAU 2.5. (suite)   Intelligence et psychomotricité: l'étape de la représentation préopératoire (18 mois – 7 ans)

PSYCHO-MOTRICITÉ / *INTELLIGENCE*	*MOTRICITÉ*	*SCHÉMA CORPOREL*	*LATÉRALITÉ*	*ESPACE*	*TEMPS*
	■ Motricité manuelle.	■ Découverte et distinction des parties de son corps et de celles des autres.	■ Axes latéraux connus.	■ Apprentissage du vocabulaire spatial.	■ Apprentissage du vocabulaire temporel.
		■ Apprentissage du vocabulaire du corps.		■ Acquisition de l'espace topologique (chap. 4).	■ Régularisation des mouvements.
		■ Utilisation du corps.		■ Acquisition de l'espace euclidien (chap. 4).	
		■ Orientation du corps.			
	■ Perception tactile plus fine.				

TABLEAU 2.6. Intelligence et psychomotricité: l'étape des opérations concrètes (7 - 12 ans)

PSYCHO-MOTRICITÉ / INTELLIGENCE	MOTRICITÉ	SCHÉMA CORPOREL	LATÉRALITÉ	ESPACE	TEMPS
Perception connue.	*Motricité connue.*	*Corps connu.*	*Latéralité connue.*	*Espace connu.*	*Temps connu.*
■ Discrimination plus fine des formes les unes par rapport aux autres (figure-fond).	■ Organisation des mouvements volontaires.	■ Imitation indirecte.	■ Latéralisation terminée.	■ Orientation projetée dans l'espace.	■ Perception de la durée du temps.
■ Associations sensorielles.	■ Diminution puis disparition des syncinésies.	■ Création	■ Orientation corporelle projetée (chap. 4).	■ Précision plus grande dans l'utilisation de l'espace graphique.	■ Structuration temporelle.
				■ Compréhension de l'espace euclidien.	
				■ Décentration.	

AJURIAGUERRA (1974) explique ces états toniques de la façon suivante: par exemple, l'hypertonie correspondrait généralement à une explosion de colère et l'hypotonie, à un état de satisfaction ou de contentement. On peut considérer ces manifestations toniques comme des réponses du bébé au milieu environnant, spécialement à ses parents: cette relation s'appelle le *dialogue tonique*. L'adulte stimule ce dialogue en manipulant l'enfant pendant sa toilette, au cours des jeux, etc. Les contacts physiques chargés d'un contenu émotionnel sont la première forme de vie relationnelle et deviennent les précurseurs de la communication verbale. Ils sont par conséquent essentiels au développement de la personnalité de l'enfant. Le tonus, qui se manifeste dans les actions et la mimique, fait partie de la communication et sera présent tout au cours de la vie de l'humain, par son expression émotive.

LE CORPS ET LA FORMATION DE LA PERSONNALITÉ

Le début du développement de la personnalité se caractérise par une relation symbiotique entre le nourrisson et sa mère. Le bébé dépend entièrement de sa mère mais, si les conditions environnantes sont favorables, son énergie et son activité le mèneront vers l'autonomie; une de ces conditions est l'établissement du dialogue tonique. On a pu observer de façon concluante la différence entre un enfant dont les parents satisfont les besoins et un enfant négligé par ses parents: l'affection et les soins influent autant sur le degré de maturation que sur le développement de certains aspects de la personnalité.

WINNICOTT (1975) spécifie d'autres conditions nécessaires à la construction de la personnalité:

- l'intégration des expériences à partir de l'étape sensorimotrice;

- la capacité de l'enfant à identifier son propre corps, habileté qui résulte surtout des contacts physiques que lui procure son entourage;

- l'élaboration de la relation objectale et l'accès au stade symbiotique.

Une des premières manifestations de cette relation est la reconnaissance des visages maternel et paternel.

La plupart de ces conditions sont tributaires du milieu social dans lequel l'enfant vit et grandit. En somme, le corps fait figure de point central autour duquel gravitent et s'organisent parallèlement tous les facteurs qui contribuent à la formation de la personnalité.

Chapitre 3

LE DÉVELOPPEMENT PSYCHOMOTEUR

LA PERCEPTION SENSORIMOTRICE

La *perception* est un concept psychologique qui comporte plusieurs facettes: il réfère tout d'abord à une caractéristique à la fois innée et acquise; il réfère également à la perception sensorimotrice qui est liée au mouvement. C'est surtout ce dernier sens que nous retiendrons au cours de cet ouvrage, car la perception joue un rôle de premier plan dans le développement du schéma corporel et dans la découverte des notions d'espace et de temps.

La perception est donc une façon de prendre conscience du milieu environnant. Comme nous l'avons déjà mentionné, elle est d'une part innée parce que l'enfant perçoit des sensations dès les premiers jours de sa vie, et d'autre part acquise parce que l'enfant se développe grâce aux stimulations qu'il reçoit de son environnement. Les différents types de perception se développent à partir des sensations et de l'expérience motrice vécue ou imaginée.

La *perception sensorimotrice* englobe l'ensemble des stimulations visuelles, auditives et tactiles que reçoit l'enfant. Il devra sélectionner celles dont il a besoin, par exemple pour participer aux jeux et plus tard aux sports. On sait déjà que toute action s'appuie sur la perception et que toute croissance provient des différents types de perception. C'est pourquoi la perception joue un rôle majeur dans l'apprentissage scolaire, lorsque l'enfant apprend à discriminer les formes, les sons, les couleurs, etc.

PIAGET (1964, p. 18-19) résume ainsi la relation qui existe entre la perception et le mouvement: durant la période sensorimotrice, lorsqu'il n'y a pas encore de représentation ni de pensée, le bébé développe à la fois la perception et le mouvement en une coordination croissante de ces deux acquisitions.

C'est à travers cette coordination que le petit organise peu à peu son monde. Il arrive à coordonner des déplacements dans l'espace et des séquences dans le temps.

LE SCHÉMA CORPOREL

Les termes *schéma corporel* et *image de soi* font référence à la perception qu'a une personne de son corps et d'elle-même en tant qu'individu. Ces concepts prennent des connotations différentes selon les auteurs. La connaissance de soi est le fruit de toutes les expériences vécues, actives ou passives. Selon AJURIAGUERRA (1974), elle prend naissance dans le dialogue tonique qui implique la relation étroite de l'individu avec son entourage.

Le développement du schéma corporel commence dès la naissance, à l'apparition des réflexes innés chez l'enfant et lors du début des manipulations corporelles par ses parents. Tous ces contacts engendrent des sensations et des perceptions tactiles, auditives et visuelles. Durant cette première phase, l'enfant perçoit son corps comme quelque chose de diffus, de fragmenté, d'indifférencié des autres corps. PIAGET (1968) considère que le corps est alors vécu comme un objet qui ne se distingue pas des autres, comme un objet parmi les autres; en d'autres termes, l'enfant n'a pas toujours conscience de l'existence ou de la présence de son corps comme une entité distincte qui lui appartienne. Peu à peu, il réalise de plus en plus d'actes volontaires qui lui apportent de nouvelles sensations, qui lui font vivre de nouvelles situations. Avec l'apparition de l'imitation, d'abord dans sa forme posturomotrice, cette évolution prend un nouvel élan. Un sentiment d'unité corporelle émerge graduellement, s'accroît et se renforce dans le jeu entre le corps «senti, représenté et suggéré» (AJURIAGUERRA, 1974, chap. 8).

L'imitation suppose une certaine connaissance de soi, une capacité de contrôler ses propres mouvements en regard d'un modèle. La perception globale de soi débouche sur une image mentale qui se traduit par l'imitation différée. Durant cette étape, le degré de maturation atteint permet des mouvements plus complexes et mieux maîtrisés qui contribuent à l'intégration du corps. En outre, l'apparition du langage facilite la reconnaissance topologique et l'établissement des relations entre les segments du corps.

Vers l'âge de 7 ans, au moment où se stabilise la domi-nance latérale[1], l'enfant maîtrise suffisamment son *schéma corporel* pour se représenter les points de repère (le haut, le bas, le devant, le derrière) nécessaires à une bonne organisation et une bonne orientation spatiales. Il obtient ainsi une représentation cohérente de son corps dans un espace bien utilisé.

L'image de soi est fondamentale pour le développement de la personnalité de l'enfant et déterminante dans son processus d'apprentissage. La personnalité et l'image corporelle se fondent en une synthèse qui résulte de tous les apports provenant de son propre corps et des échanges de ce dernier avec le monde environnant. Par conséquent, la façon dont l'adulte conçoit, perçoit et vit son corps est le résultat de ses expériences de vie passées, de la liberté dont il a joui ou des répressions qu'il a subies.

LA LATÉRALITÉ

La latéralité est le résultat d'une prédominance motrice du cerveau, prédominance qui se manifeste par l'utilisation préférentielle et spontanée de l'un des deux côtés du corps. Cette préférence systématisée touche les membres et les organes sensoriels et, par là même, l'orientation spatiale. La latéralité dépend de deux facteurs: le *développement neurologique* de l'enfant et les *influences culturelles* de son milieu.

Le développement neurologique diffère dans chacun des hémisphères cérébraux et dans la zone neuro-sensitivo-motrice correspondante. Cette différenciation augmente avec la croissance de l'enfant. On distingue deux types de latéralité:

1) La *latéralité spontanée* Il s'agit de la latéralité tonique qui est fonction de la dominance hémisphérique; c'est donc dire que le côté dominant est souvent le plus tendu. Chez presque tous les humains, la latéralité neurologique ou spontanée correspond à la latéralité d'utilisation.

---

1.   Selon RIGAL (1974, p. 132), «la latéralité se définit comme l'ensemble des prédominances particulières de l'une ou l'autre des différentes parties symétriques du corps au niveau des mains, pieds, yeux et oreilles».

2)   La *latéralité d'utilisation*   Elle se traduit par une prédominance manuelle, à droite ou à gauche, dans l'exécution des activités courantes ou sociales (par exemple, la main dont l'enfant se sert pour manger).

La latéralisation passe par des phases stables et instables. Durant la première année de vie, il y a des moments de préhension et de manipulation unilatérales et bilatérales[2]. Les étapes bilatérales réapparaissent ensuite à 18 mois et plus tard à 3 ans. Nous avons observé que la dominance latérale s'établit de manière quasi définitive à 4 ans mais qu'une période d'indécision survient autour de 7 ans, bien que certains auteurs affirment qu'à cet âge la latéralisation soit achevée. Cette organisation de l'asymétrie du corps est essentielle à l'orientation du corps et primordiale pour sa projection dans l'espace.

FIGURE 3.1.   La configuration de l'hémisphère gauche

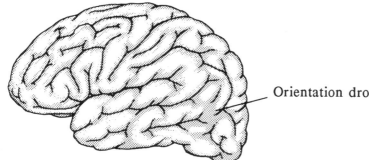

Orientation droite - gauche

Les difficultés qui apparaissent dans le développement de la latéralité ont souvent des répercussions dans la vie quotidienne de l'enfant et en particulier au moment de l'apprentissage scolaire, surtout pour la lecture et l'écriture.

---

2.   La manipulation unilatérale se manifeste quand l'enfant préfère utiliser la main droite ou la main gauche pour prendre les objets; on parle de manipulation bilatérale lorsqu'il utilise indistinctement l'une ou l'autre main.

L'ESPACE

La construction de l'espace se fait parallèlement au développement du schéma corporel. Tous deux dépendent de l'évolution des mouvements, c'est-à-dire que la prise de conscience de l'espace est liée aux capacités motrices de l'enfant, capacités qui se manifestent dès sa naissance[3].

Dès les premiers jours de sa vie, l'enfant bouge dans un espace composé de différents espaces non coordonnés entre eux et reliés aux perceptions visuelles, auditives et tactiles. Le premier est l'espace buccal, le nourrisson étant d'abord centré sur son propre corps. L'espace s'ouvre ensuite de façon circulaire par la manipulation d'objets et s'étend considérablement avec l'apparition de la marche. Grâce à la locomotion, les espaces qui étaient isolés auparavant se joignent et donnent lieu à un certain sens de la dimension.

À la fin de la deuxième année, on parle d'espace global. L'enfant le vit affectivement et s'oriente en fonction de ses besoins jusqu'à 3 ans environ. En d'autres mots, il construit son espace d'action en se déplaçant de la cuisine à sa chambre, au salon, à la salle de jeux, etc. Son corps devient un moyen d'action et l'espace, un lieu d'action. Cet *espace topologique* n'a pas de forme ni de dimension: il se caractérise par des relations concrètes de rapprochement, d'ordre, de séparation, de voisinage et de continuité.

Lorsque la fonction symbolique apparaît[4], la reconnaissance des trajets dans l'espace s'appuie sur les déplacements moteurs. Une meilleure coordination des actions et des déplacements ainsi que la latéralisation permettront à l'enfant de mieux s'orienter dans l'espace.

C'est au cours de cette étape que l'image intériorisée de l'espace se développe: l'espace vécu se transforme en espace représenté; c'est le passage de l'espace topologique à l'*espace projectif*. Le langage facilite l'acquisition des premières notions spatiales: en avant, en arrière, à droite, à gauche, au-dessus, au-dessous, etc. À la fin de cette étape, l'orientation du corps

---

3. Selon PIAGET (1968), ces acquisitions apparaissent durant l'étape sensorimotrice.

4. Selon PIAGET, cette fonction apparaît au cours du stade préopératoire.

est acquise. L'enfant accède à un espace construit autour de lui et son corps devient son axe d'orientation, c'est-à-dire son point de repère et de référence. Il peut établir des rapports, des relations entre les formes, les positions et les distances. Il maîtrise les trois directions essentielles de l'espace tridimensionnel.

Entre 7 et 12 ans, l'enfant est capable de s'orienter dans l'espace et de se situer par rapport aux objets qui l'entourent. C'est dire que l'enfant n'est plus centré uniquement sur lui, qu'il peut trouver des points de repère extérieurs à son corps et transposer ses notions spatiales sur les objets. Au terme de cette étape, l'enfant atteindra le stade de l'*espace euclidien*, où les axes et les relations spatiales sont stables, invariants. Grâce à sa capacité de coordonner les objets entre eux, il pourra saisir l'invariance des distances et des grandeurs, indépendantes de ses mouvements et de ses déplacements.

LE TEMPS

La perception du temps suit un processus similaire à celui de la construction de l'espace. Elle débute au stade sensorimoteur et dépend de différents facteurs déjà connus: la maturation, le dialogue tonique, le mouvement et l'action.

Dans une première phase, il existe un *temps vécu* lié au sommeil et à la vigilance, à la faim et aux repas, à l'inactivité et à l'action; l'enfant vit autant de temps que d'actions. Ces éléments forment la base même de l'élaboration de la notion du temps. À partir d'un geste volontaire (par exemple attraper un objet), l'enfant assimile ce concept: il en vient à saisir un début, un déroulement et une fin; il répétera inlassablement les mêmes gestes.

L'intégration temporelle apparaît au moment où s'organise la fonction symbolique (de 2 - 3 ans à 6 ans). L'enfant commence à se situer dans un *maintenant* puis dans un *avant* ou dans un *après*, et en arrive à distinguer des situations simultanées et des situations successives. Ainsi le temps vécu se transforme en *temps représenté* avec l'aide du langage qui permettra l'acquisition des notions d'ordre et de durée. La compréhension qu'a l'enfant de la chronologie des événements, sa façon de converser et les relations qu'il établit avec son entourage signalent le passage du stade préopératoire au stade opératoire.

Un des éléments importants du temps est le rythme. La capacité de l'enfant à percevoir le changement et la succession des événements l'amèneront à une prise de conscience des rythmes, qui sont de deux types:

1) le *rythme intérieur* qui est organique ou physiologique, comme la respiration, la marche, etc.;

2) le *rythme extérieur*, comme le jour et la nuit, les repas, les saisons, les heures, les autres faits observés dans la vie quotidienne, etc.

Ces deux types de rythme évoluent et s'influencent réciproquement. Comme nous le démontrerons dans la partie pratique, le rythme facilite l'exécution des mouvements, et surtout l'acquisition des automatismes.

* * *

Jusqu'à présent, nous avons tenté de présenter le développement de l'enfant d'un point de vue neuropsychologique, en soulignant l'influence positive ou négative du milieu ambiant sur le développement. Nous avons également traité des aspects fondamentaux de la psychomotricité à partir des trois grandes étapes du développement selon PIAGET:

1) L'*étape sensorimotrice* L'enfant a une perception globale de son univers; parallèlement, il acquiert ses premiers automatismes moteurs, découvre son corps, s'adapte de façon globale à l'espace qui l'entoure et explore les rythmes.

2) L'*étape de la représentation préopératoire* L'enfant discrimine les formes, dissocie mieux ses mouvements, prend conscience de son corps, différencie son côté droit et son côté gauche, s'oriente dans l'espace et dans le temps.

3) L'*étape des opérations concrètes* L'enfant est capable de faire des associations sensorielles. Il organise ses mouvements volontaires, invente de nouveaux mouvements et oriente son corps dans un espace qu'il dirige mieux. Il a un meilleur contrôle de l'espace graphique, représenté par tout espace qui sert de support à l'expression graphique, tels une feuille, un cahier, le mur, le plancher, etc. Il perçoit la durée du temps et peut ainsi le structurer.

Ces exemples démontrent l'étroite relation qui unit le développement de la motricité et celui de l'intelligence selon la théorie piagétienne, et permettent une meilleure compréhension du développement de l'enfant dans une perspective globale. À la figure 3.2., on peut voir les aspects fondamentaux de la psychomotricité.

FIGURE 3.2.   Les aspects fondamentaux de la psychomotricité

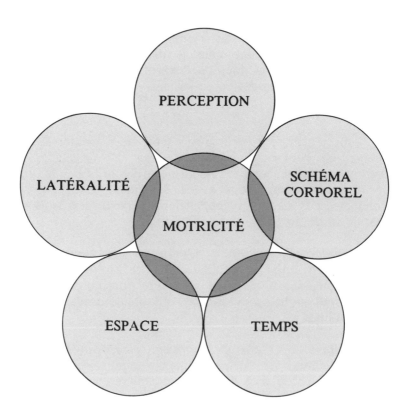

Chapitre 4

L'ÉDUCATION PSYCHOMOTRICE

INTRODUCTION

Conformément aux principes de base déjà mentionnés, l'éducation psychomotrice vise à favoriser la relation de l'enfant avec le monde environnant. Pour ce faire, on lui propose des activités perceptives et motrices, des activités d'intégration du schéma corporel et des activités d'organisation spatio-temporelle, en tenant compte de ses besoins et de ses intérêts spontanés, notamment par le biais du jeu qui représente pour lui une activité vitale et naturelle.

Nous croyons par conséquent qu'il est nécessaire de développer sur le plan pédagogique les aspects de la psychomotricité déjà introduits et schématisés aux tableaux 2.4., 2.5. et 2.6.

LES ASPECTS FONDAMENTAUX DE LA PSYCHOMOTRICITÉ

LA PERCEPTION SENSORIMOTRICE

Comme nous considérons que l'évolution de la perception est directement reliée au développement du mouvement, nous aborderons principalement les notions de perception visuelle, tactile et auditive.

1) La *perception visuelle*   Elle se développe par différents exercices: coordination oeil - main, perception figure - fond, perception de la position du corps et des relations spatiales, discrimination des formes et exercices de mémoire. Par exemple, un groupe d'enfants bougent le bras droit tandis qu'un seul d'entre eux bouge le bras gauche; tous identifieront facilement celui qui n'agit pas comme

les autres. Autre exemple: sur un dessin, l'enfant devra identifier la chaise qui n'est pas dans la même position que les autres; etc.

2)   La *perception tactile*   Elle se développe à partir de la prise de conscience du corps et par le développement de la préhension. Par exemple, les yeux fermés, l'enfant choisit un objet parmi d'autres dans un sac et le décrit: c'est rond, dur, en plastique, etc.

3)   La *perception auditive*   Elle se développe par des exercices de concentration, de mémoire, de discrimination auditive. Par exemple, les yeux fermés, l'enfant doit reconnaître le son d'une clochette, d'un timbre ou d'un téléphone.

LA MOTRICITÉ

Comme nous l'avons déjà mentionné, l'évolution motrice est tributaire de deux facteurs: 1) la maturation et 2) le tonus musculaire, dont on peut observer l'évolution par les syncinésies (mouvements involontaires qui accompagnent un geste) et par le contrôle postural.

Les exercices de relaxation globale ou partielle (régulation tonique) et les exercices d'équilibre (contrôle postural) contribuent à la diminution des syncinésies et à l'amélioration de la régulation tonique. Tout mouvement nécessite des rééquilibrations constantes et ce n'est que vers l'âge de 4 ans que l'enfant maîtrise bien son équilibre. Par exemple, un petit enfant sautera difficilement sur un pied; avec l'expérience, il atteindra le contrôle de ses mouvements vers l'âge de 8 ans.

Plusieurs facteurs neurophysiologiques et émotionnels interviennent dans l'éducation motrice: la souplesse, la régularité, le bien-être, le plaisir, la rigidité, l'impulsivité, la peur, la méfiance, etc. Le degré de coordination des gestes reflète l'âge moteur approximatif du sujet et informe l'éducateur sur sa maturation, son type, son tempérament et son comportement.

Nous pouvons identifier cinq grands types de mouvements à partir du développement spontané de la motricité.

1)   Les *mouvements locomoteurs* ou *automatismes*   Il s'agit de mouvements simples, élémentaires, par lesquels le corps

entier se met en mouvement. Par exemple, l'enfant commence par ramper, puis se met à marcher à quatre pattes et enfin réussit à marcher.

2) La *coordination dynamique* C'est la capacité qu'a l'enfant de coordonner les mouvements des différentes parties de son corps, par exemple dans l'exécution des sauts, des culbutes. L'organisation des sauts est complexe; pour bien en saisir toute la complexité, il convient de se remémorer la nature et la genèse de ce mouvement. L'enfant apprend à sauter par imitation: l'exécution du saut est la reproduction d'un geste dynamique qui met en jeu différents aspects de la praxie[1]. Une étude génétique sur le développement des sauts effectuée par STAMBAK (1963) nous informe de ce processus qui s'échelonne de l'âge de 4 ans à 8 ans environ (tableau 4.1.).

TABLEAU 4.1.   La coordination dynamique

4 ANS	*5 ANS*	*6 - 8 ANS*
Les sauts sont irréguliers: le corps fonctionne encore en bloc. L'enfant peut sauter sur un pied et sur l'autre, en alternant, mais l'équilibre demeure précaire.	L'enfant saute sur un pied (le pied dominant), ce qui correspond au début de la dissociation des mouvements; il peut aussi modifier son rythme. Il coordonne bras et jambes dans le saut du pantin.	Grâce à une meilleure dissociation, les mouvements s'affinent, c'est-à-dire qu'ils se font moins brusques, plus souples.

3) La *dissociation* C'est la possibilité qu'a l'enfant de bouger volontairement ou non une ou plusieurs parties du corps pendant que les autres demeurent immobiles ou exécutent un mouvement différent. Par exemple, l'enfant marche en tenant dans les bras un plateau rempli de verres. Nous avons regroupé au tableau 4.2. nos observations chez les enfants entre 4 et 8 ans.

---

1.   Activités musculaires bien coordonnées et contrôlées par le sujet.

TABLEAU 4.2.   La dissociation

4 ANS	5 ANS	6 - 8 ANS
L'enfant prend de plus en plus conscience de la fonction différentielle de ses membres, c'est-à-dire de ses capacités de dissociation.	La différenciation segmentaire s'accentue.	L'enfant est capable d'exécuter des dissociations doubles bien qu'il lui manque une certaine souplesse (par exemple, sauter à pieds joints en tapant des mains).

4)   La *coordination visuomotrice*   Il s'agit de la coordination entre les yeux et une autre partie du corps (mains, bras, jambes, pieds, etc.). L'acquisition de cette habileté, par exemple taper une balle avec la main, est préalable à la maîtrise de la motricité fine. D'autres facteurs psychomoteurs interviennent également: par exemple, la préhension d'un objet qui bouge dans l'espace implique un ajustement continuel entre la main et l'oeil, afin que l'enfant puisse bien viser l'objet pour ensuite l'attraper. Ce processus est résumé au tableau 4.3.

TABLEAU 4.3.   La coordination visuomotrice

4 - 8 ANS	8 - 10 ANS
Ce type de coordination s'avère encore difficile: l'enfant ne peut attraper un objet avec les deux mains que s'il est en position statique. Par exemple, il arrive à attraper la balle à condition qu'elle tombe directement dans ses mains.	L'enfant peut attraper une balle «en l'air», en bougeant ses bras et en se déplaçant.

5) La *motricité fine* C'est la capacité qu'a l'enfant de manipuler des objets ou des parties d'objet soit avec toute la main, soit en utilisant certains doigts, ce qui donnera alors lieu à des mouvements plus différenciés. L'enfant acquiert le mouvement de la pince vers l'âge de 9 mois mais il l'exécute encore avec difficulté. L'évolution nécessaire pour réussir à accomplir des activités complexes telles qu'enfiler des perles, écrire, etc., est en effet assez longue, cette maîtrise nécessitant une coordination étroite entre l'appareil neuromoteur et l'appareil cognitif.

LE SCHÉMA CORPOREL

L'acquisition de cette notion qui, rappelons-le, est liée à celle de l'image de soi, s'avère indispensable à l'évolution de la personnalité de l'enfant. Il vit son corps à partir du moment où il peut l'identifier comme lui étant propre, où il peut s'exprimer à travers lui et l'utiliser comme moyen d'entrer en relation avec autrui. Dans la pratique, cinq types d'exercices contribuent à l'évolution du schéma corporel.

1) L'*imitation* Il s'agit de la reproduction de gestes, de postures ou de mouvements déjà faits, déjà vus ou encore imaginés par l'enfant. La première étape est l'imitation directe et en miroir jusqu'à l'âge de 6 - 7 ans, moment où l'enfant commence à acquérir la latéralisation consciente. La deuxième étape s'achève vers l'âge de 8 - 9 ans par l'imitation indirecte, à partir du moment où l'enfant tient compte du côté correspondant à celui du modèle qu'il imite. Ainsi, le petit enfant imite en miroir, c'est-à-dire qu'il reproduit avec le bras gauche ce que la personne placée en face de lui exécute avec le bras droit, tandis qu'un enfant de 9 ans reproduit ce même geste avec le même bras que celui utilisé par le modèle.

2) L'*exploration* C'est la recherche de nouvelles utilisations et manipulations des objets. L'enfant cherche différentes façons de jouer avec un objet connu ou nouveau. Par exemple, il expérimente divers jeux avec des boîtes de carton, fouille, vide, défait, emplit, etc.

3) L'*acquisition des notions corporelles* C'est la différencia-tion, la localisation et l'identification par les mots, des différentes parties du corps. Par exemple, l'enfant nomme une partie du corps que l'éducateur lui indique par des gestes.

4)   L'*utilisation*   C'est l'application et la généralisation de l'exploration. L'enfant adapte et organise ses découvertes corporelles en utilisant la connaissance qu'il a de son corps dans l'espace. Par exemple, il peut dessiner son propre corps.

5)   La *création*   C'est l'action d'inventer, d'imaginer des situations, des personnes ou des objets à travers le jeu corporel ou par l'intermédiaire d'objets (étape de l'imitation différée). Par exemple, l'enfant fait une construction avec des blocs.

LA LATÉRALITÉ

La latéralité, rappelons-le, se définit comme la prédominance de l'une ou l'autre des parties symétriques du corps, prédominance qui se manifeste au niveau des yeux, des oreilles, des mains, des pieds, etc. La latéralisation désigne le processus par lequel se développe la latéralité (voir Rigal, 1974) et comporte les étapes suivantes:

1)   La *différenciation globale*   C'est l'utilisation des deux côtés du corps, la consolidation de l'axe corporel, puis la dissociation progressive des deux côtés du corps. Par exemple, l'enfant fait l'avion avec les deux bras tendus chaque côté de lui, puis avec un seul bras, ensuite avec l'autre.

2)   L'*orientation du corps propre*   C'est l'intégration des notions droite - gauche. Durant cette étape, la prise de conscience des deux côtés du corps se renforce par la verbalisation. L'orientation se consolide par les exercices de dissociation. Par exemple, l'enfant fait semblant de se peigner, de se brosser les dents, etc.

3)   L'*orientation corporelle projetée*   C'est la projection de la latéralité sur une autre personne ou sur un objet. L'aboutissement de cette étape est possible à condition que l'étape précédente soit acquise. Par exemple, à la demande de l'éducateur, l'enfant essaie de se placer à droite de la chaise.

L'ESPACE

Les exercices qui favorisent la construction mentale de l'espace doivent passer par le mouvement du corps entier; les exercices qui permettent le développement du schéma corporel et de la latéralité n'y contribuent qu'indirectement. Certains exercices spécifiques sont utiles à l'élaboration de la notion d'espace. Ils sont liés aux concepts suivants:

1) L'*adaptation spatiale* Elle correspond à l'étape de l'espace vécu. Le corps se déplace en fonction des objets dans l'espace. Par exemple, l'enfant passe sous un pupitre.

2) L'*acquisition des notions spatiales* Elle se traduit par des *mots* qui désignent une position dans l'espace. Par exemple, l'enfant saute «en avant» ou «en arrière» d'une chaise.

3) L'*orientation spatiale* C'est la capacité qu'a l'enfant de s'orienter et d'orienter des objets dans l'espace. Elle comprend l'ensemble des relations topologiques dont le point de référence est le corps propre. Cette habileté se développe à partir d'exercices de localisation d'objets dans l'espace, de regroupements d'éléments différents et de reproduction de trajets. Par exemple, l'enfant peut aller seul jusqu'à la salle de récréation ou encore placer une chaise à sa droite.

4) La *structuration spatiale* C'est l'organisation de l'espace sans la nécessité de se référer explicitement au corps propre. L'espace projectif et l'espace euclidien prennent forme dans la pensée de l'enfant par l'apprentissage des notions de distance, de volume, de structuration spatio-temporelle. Par exemple, l'enfant arrive à dire en combien de pas (grands puis petits) il peut traverser la pièce.

5) L'*espace graphique* Il s'agit de tout espace ou de tout lieu qui sert de support à l'expression graphique (feuille, cahier, tableau, mur, plancher). La maîtrise de cet espace nécessite une perception juste des données graphiques et un contrôle suffisant de l'écriture ou du dessin. En d'autres termes, l'enfant doit être en mesure de passer de l'espace tridimensionnel à l'espace bidimensionnel (la perception visuelle d'une chaise - le dessin d'une chaise) à travers la représentation et l'expérience motrice. Par exemple, l'enfant arrive à produire un dessin entre deux lignes.

LE TEMPS

Cette notion prend racine dans le mouvement qui, par son «automatisation», introduit un certain ordre temporel dans la contraction musculaire. L'acquisition du concept de temps prend forme à partir de plusieurs apprentissages:

1) La *régularisation* Les mouvements s'affinent et deviennent de plus en plus rythmiques grâce à l'exploration corporelle et à la répétition. Cette automatisation ou régularisation est fondamentale pour toute acquisition motrice. Par exemple, l'enfant se balance sur ses pieds et l'éducateur l'accompagne avec de la musique.

2) L'*adaptation à un rythme* La capacité d'adapter le mouvement à un rythme s'acquiert d'abord à travers les mouvements manuels et la marche (vers l'âge de 6 ans), ensuite à travers les mouvements locomoteurs plus complexes, comme les sauts (vers l'âge de 10 ans).

3) La *répétition d'un rythme* Elle favorise l'intériorisation des rythmes. Par exemple, les épreuves de reproductions rythmiques de STAMBAK (1968) présentent des séries de rythmes, depuis les plus simples (00 00; 000; 0 00) jusqu'aux plus compliquées (00 0 00; 00 0 0 00 0). L'enfant réussit cette dernière épreuve vers l'âge de 11 ans.

4) L'*acquisition des notions temporelles* C'est la désignation du temps et du rythme, notamment au moyen de comparaisons. Par exemple, l'enfant marche lentement, «comme une tortue»; puis il court vite, «comme un lièvre».

5) L'*orientation temporelle* C'est la capacité qu'a l'enfant de se situer dans le temps et de pouvoir se déplacer par rapport à un «avant» et à un «après», etc. Par exemple, l'enfant fait rouler la balle et court plus vite qu'elle.

6) La *structuration temporelle* Elle est reliée à la structuration spatiale, c'est-à-dire que l'enfant prend conscience de ses mouvements et de leurs déplacements effectués dans un certain laps de temps et sur une certaine distance. Par exemple, il traverse une pièce dans le même laps de temps que la durée d'une mélodie.

LA PSYCHOMOTRICITÉ ET L'APPRENTISSAGE SCOLAIRE

L'apprentissage scolaire correspond généralement à la période du stade opératoire: l'enfant est alors capable d'établir des rapports entre l'espace et le temps, et il a acquis la *réversibilité*[2]; d'autre part, son niveau de maturation est suffisamment élevé pour qu'il accède à l'écriture par exemple.

L'éducation psychomotrice favorise l'apprentissage des préalables scolaires et contribue à créer des situations nouvelles pour l'enfant. Elle lui suggère des jeux qui lui permettent de prendre conscience de son corps, d'explorer les notions spatio-temporelles et ainsi de pouvoir intégrer de nouvelles expériences. En outre, la perception, l'attention, la socialisation et le langage se développent parallèlement. Pour ce faire, l'éducateur aura recours à plusieurs ressources: la motivation, la stimulation, l'imagination, etc.

Nous exposerons maintenant quelques conditions indispensables à l'apprentissage de l'écriture qui mobilise essentiellement les membres supérieurs. Au cours des années préscolaires, les capacités motrices de l'enfant sont en pleine évolution; comme on le sait déjà, les mouvements sont encore globaux puisqu'ils sont sous l'influence d'un contrôle tonique encore imparfait qui se traduit par des syncinésies et une hypertonie.

Un des objectifs pédagogiques de cette étape sera alors la préparation à l'écriture, par des exercices de coordination oculo-manuelle (dessin, peinture, rythme, etc.) qui favoriseront la maturation et le contrôle tonique nécessaires.

L'apprentissage de la lecture sera facilité si l'on y a préparé l'enfant par des exercices de perception visuelle, de différenciation, d'orientation, de rythme, d'imitation et de langage.

---

2. Selon A. M. BATTRO (1966, p. 159), «pour qu'il y ait réversibilité, il faut qu'il y ait des opérations proprement dites, c'est-à-dire des constructions ou des décompositions soit manuelles soit mentales, ayant pour but de reconstituer les phénomènes».

En ce qui a trait aux mathématiques, les opérations se construisent à partir d'actions. La classification, la sériation et la numération sont des actions qui font appel à la perception spatiale, laquelle se développe par des jeux où interviennent la motricité fine et l'espace. Par exemple, l'enfant joue avec des boutons: «je prends un bouton», «tu enlèves deux boutons», «je place les boutons rouges ici», «tu mets les boutons blancs là», etc.

Nous avons souvent répété que la psychomotricité joue un rôle majeur non seulement au cours de l'apprentissage scolaire mais aussi dans la prévention des troubles d'apprentissage et même dans la rééducation. En effet, moins le milieu familial du jeune enfant est stimulant, plus les risques de troubles d'apprentissage seront élevés. C'est notamment dans ces cas que la psychomotricité prend toute son importance comme moyen de prévention et de rééducation.

LES TROUBLES PSYCHOMOTEURS

Les troubles psychomoteurs sont marqués par des retards ou des difficultés qui surgissent pendant le développement psychomoteur. Ils se manifestent par des mouvements maladroits et rigides, par un manque d'équilibre et de contrôle tonique, par un comportement impulsif, agressif, inhibé opposant, ou encore par des difficultés d'attention, de concentration, d'orientation, etc.

AJURIAGUERRA (1974, p. 263-279) classifie en trois catégories les troubles psychomoteurs les plus fréquents:

1)   La *débilité motrice* Elle se caractérise par un retard de la maturation du système nerveux et se manifeste par une maladresse générale dans les mouvements qui sont souvent grossiers, limités, sans souplesse ni dynamisme. L'enfant semble vouloir bouger, vaincre l'obstacle qu'est la masse de son corps et, en même temps, il cherche à freiner ses mouvements involontaires.

2)   L'*instabilité motrice* Elle se caractérise par une agitation motrice, constante et excessive, souvent accompagnée d'un manque de contrôle émotif. Cette hyperactivité empêche une bonne concentration et se répercute sur le plan psychologique, entraînant des difficultés d'attention et des réactions émotives imprévues.

3) L'*inhibition psychomotrice* Elle se caractérise par un manque de confiance en soi qui empêche l'enfant de vivre les expériences motrices nécessaires à l'apprentissage en général. Les mouvements de l'inhibé psychomoteur sont contractés, rigides, ralentis, excessivement retenus.

Ces troubles psychomoteurs engendrent des difficultés dans l'apprentissage scolaire, provoquant chez l'enfant des sentiments d'échec et de frustration. Ils entraînent également d'autres perturbations, soit d'origine émotionnelle, soit causées par la mauvaise évolution du schéma corporel, de la latéralité et de la perception espace - temps.

Durant l'apprentissage scolaire, ces troubles se manifestent spécifiquement par la dyslexie[3] et la dysgraphie[4]. Dans chaque cas un ensemble de problèmes surgissent, bien qu'en général le niveau intellectuel soit bon. La dysgraphie se manifeste par une maladresse motrice, un manque de coordination et parfois même par des crampes (tensions excessives au niveau des bras, des mains) qui perturbent l'écriture. Quant à la dyslexie, elle se traduit par des inversions dans les syllabes (l'enfant dit «at» pour «ta» par exemple), par des confusions dans les lettres (b - d, p - q), par des confusions auditives (v - j, q - g) et par des omissions de sons.

Sur le plan intellectuel, les enfants qui présentent de tels troubles éprouvent généralement des difficultés à franchir le passage de l'étape de la représentation à l'étape opératoire.

* * *

Dans leur action auprès de ces enfants, il est essentiel que les éducateurs planifient une intervention globale au lieu d'attaquer le symptôme directement. Par exemple, si l'enfant est dyslexique, ce serait une grave erreur de lui présenter des exercices d'orientation alphabétiques, parce que l'on confirmerait ainsi ses doutes et son incapacité à surmonter le problème; par contre, si, en plus d'exercices de rééducation appropriés, on établit une relation de confiance dès le départ, les chances de succès de la rééducation sont d'autant plus grandes. Il est impérieux que la thérapie soit adaptée au niveau psychomoteur actuel de l'enfant, afin qu'il se sente rassuré et capable de répondre aux nouvelles demandes de l'adulte. En somme, on

---

3. Difficulté à apprendre à lire et à écrire.

4. Déficience dans l'écriture souvent illisible.

doit s'assurer de placer l'enfant devant des situations où la possibilité de réussite et de valorisation est grande, car l'inverse contribuerait à le perturber davantage ou à ralentir ses possibilités de rattrapage.

Deuxième partie

ASPECTS PRATIQUES

DE LA PSYCHOMOTRICITÉ

Chapitre 5

APPLICATIONS

INTRODUCTION

Comme nous l'avons souligné précédemment, l'éducation psychomotrice a pour objectif le développement harmonieux des fonctions neurologiques, affectives et cognitives de l'enfant par l'utilisation de son corps en mouvement, donc en relation avec lui-même, avec les objets et avec les personnes qui l'entourent. Cette stimulation devrait engendrer les bases qui, par-delà l'exécution du geste, du mouvement, permettront aux différentes fonctions de se développer, de s'intégrer et de s'harmoniser. La poursuite de ce premier objectif permettra également le dépistage d'éventuels retards de développement et, par le fait même, l'atteinte du deuxième objectif, à savoir la prévention par la correction des retards ou des troubles identifiés.

Pour ce faire, nous offrons à l'éducateur différents outils de travail qui faciliteront sa tâche et en amélioreront la qualité. Ces instruments sont le bilan et le profil psychomoteurs: le bilan découle de l'observation attentive de chaque enfant et du groupe d'enfants; il permettra de tracer un profil individuel ou de groupe, ou les deux, à partir desquels l'éducateur pourra construire un programme et faire un choix approprié d'exercices et de mises en situation.

LE BILAN PSYCHOMOTEUR

Le bilan psychomoteur permet à l'éducateur de déterminer le degré de développement atteint par l'enfant, de vérifier ses acquisitions et de dépister ses difficultés ou ses retards. Après avoir établi les caractéristiques de l'enfant, l'éducateur pourra construire un programme d'activités psychomotrices correspondant à son degré actuel d'évolution psychomotrice et à ses besoins précis.

Le *bilan psychomoteur* est un instrument d'évaluation et de contrôle qui recouvre tous les aspects de la psychomotricité. Nous l'avons résumé au tableau 5.1. et repris en détail aux tableaux 5.2., 5.3., 5.4., 5.5., 5.6. et 5.7., lesquels comprennent trois colonnes: les objectifs, les activités pédagogiques et l'évaluation (les observations à faire lors de l'exécution des activités). Dans les cases de droite, l'éducateur notera si l'enfant a réussi ou non l'épreuve. Pour toutes les activités, l'éducateur devra observer les traits marqués du comportement de l'enfant: participation, dynamisme, agressivité, impulsivité, calme, indifférence, passivité, anxiété, inhibition, instabilité...

**TABLEAU 5.1.   Les aspects généraux et spécifiques
de la psychomotricité**

PERCEPTION SENSORIMOTRICE	- Perception visuelle - Perception tactile - Perception auditive
MOTRICITÉ	- Mouvements locomoteurs - Coordination dynamique - Dissociation - Coordination visuomotrice - Motricité fine ou manuelle
SCHÉMA CORPOREL	- Imitation - Exploration - Acquisition des notions corporelles - Utilisation - Création
LATÉRALITÉ	- Différenciation des axes latéraux - Orientation du corps propre - Orientation projetée
ESPACE	- Adaptation spatiale - Acquisition des notions spatiales - Orientation spatiale - Acquisition de l'espace graphique - Structuration spatiale
TEMPS	- Régularisation du mouvement - Adaptation à un rythme - Répétition d'un rythme - Acquisition des notions temporelles - Orientation temporelle - Structuration temporelle

TABLEAU 5.2.   Bilan psychomoteur - Perception sensorimotrice

OBJECTIFS	ACTIVITÉS	ÉVALUATION		
Perception visuelle	■ Courir puis s'arrêter quand l'éducateur montre un foulard rouge.	■ Concentration	Oui	Non
	■ Indiquer le pantin qui est dans une position différente des autres.	■ Discrimination	Oui	Non
Perception tactile	■ Des jouets en bois, en plastique, en métal sont pêle-mêle dans une boîte. Les yeux fermés, sortir de la boîte tous les objets en métal.	■ Préhension	Oui	Non
		■ Sensibilité	Oui	Non
		■ Discrimination	Oui	Non
Perception auditive	■ Courir au son d'une cloche.	■ Concentration ■ Mémoire	Oui Oui	Non Non
	■ Marcher au son d'un tambour.	■ Concentration ■ Mémoire	Oui Oui	Non Non

TABLEAU 5.3.   Bilan psychomoteur - Motricité

OBJECTIFS	*ACTIVITÉS*	*ÉVALUATION*		
Mouvements	■ Marcher.	■ Équilibre	Oui	Non
locomoteurs	■ Courir.	■ Automatisme	Oui	Non
	■ Sauter.	■ Souplesse	Oui	Non
	■ Galoper.	■ Rigidité	Oui	Non
	■ Marcher à quatre pattes.	■ Rapidité	Oui	Non
	■ Sauter à pieds joints, puis sur un pied.	■ Pied utilisé	D	G
Contrôle	■ Marcher sur la pointe	■ Équilibre	Oui	Non
postural	des pieds.	■ Tremblements	Oui	Non
	■ Marcher sur un banc.		Oui	Non
			Oui	Non
	■ Marcher accroupi.		Oui	Non
			Oui	Non
	■ Se tenir debout les		Oui	Non
	pieds joints et les yeux fermés.		Oui	Non
	■ Se tenir debout sur		Oui	Non
	un pied, les yeux ouverts.		Oui	Non
Dissociation	■ Marcher en portant	■ Équilibre	Oui	Non
	une boîte dans les bras.	■ Tremblements	Oui	Non
Coordination	■ Sauter dans des	■ Synchronisation	Oui	Non
dynamique	cerceaux.	■ Rythme	Oui	Non
		■ Souplesse	Oui	Non
		■ Rigidité	Oui	Non
Coordination	Jeux avec une balle:	■ Main utilisée	D	G
visuomotrice	■ La lancer.	■ Automatisme	Oui	Non
	■ La lancer sur un mur.	■ Rythme	Oui	Non
	■ La recevoir.	■ Rapidité	Oui	Non
	■ La faire rebondir.	■ Agilité	Oui	Non
	■ Lui donner un coup de pied.	■ Pied utilisé	D	G

TABLEAU 5.3. (suite)

OBJECTIFS	ACTIVITÉS		ÉVALUATION	
Motricité	■ Froisser du papier.	■ Latéralité	**D**	**G**
fine	■ Enfiler des perles.	■ Syncinésies	Oui	Non
	■ Boutonner un chandail.	■ Souplesse	Oui	Non
	■ Déboutonner une veste.	■ Rigidité	Oui	Non
	■ Découper.	■ Dextérité	Oui	Non
	■ Dessiner.	■ Raideur	Oui	Non
	■ Reproduire des formes.	■ Exactitude	Oui	Non

TABLEAU 5.4. Bilan psychomoteur - Schéma corporel

OBJECTIFS	ACTIVITÉS		ÉVALUATION	
Imitation	■ Imiter des gestes	■ Concentration	Oui	Non
directe	avec un foulard.	■ Mémoire	Oui	Non
(en miroir)				
Imitation	■ Imiter des gestes	■ Réussite	Oui	Non
indirecte	en utilisant le même côté (droit ou gauche) que le modèle.			
			Oui	Non
Exploration	■ Jouer avec des boîtes de carton.	■ Contentement	Oui	Non
		■ Embarras	Oui	Non
	■ Jouer avec une corde.	■ Intérêt pour le matériel	Oui	Non
Notions corporelles	■ Nommer les différentes parties du corps.	■ Connaissance	Oui	Non
Utilisation	■ Trouver trois positions différentes pour passer sous une chaise.	■ Adaptation du corps à l'espace	Oui	Non
Création	■ Représenter différents métiers: facteur, menuisier, cuisinière, infirmière, etc.	■ Participation	Oui	Non
		■ Imagination	Oui	Non

TABLEAU 5.5.   Bilan psychomoteur - Latéralité

OBJECTIFS	ACTIVITÉS	ÉVALUATION	
Différenciation globale	■ Étendre les bras, les faire tourner ensemble puis un après l'autre en alternant.	■ Dissociation	Oui | Non
Orientation du corps propre	■ Faire semblant de se peigner, de se laver, de se brosser les dents, de se mettre un chapeau.	■ Main dominante ■ Spontanéité	D | G Oui | Non
Orientation corporelle projetée	■ Toucher le pied droit de l'éducateur, son épaule gauche, etc.	■ Réussite	Oui | Non

TABLEAU 5.6.   Bilan psychomoteur - Espace

OBJECTIFS	ACTIVITÉS	ÉVALUATION	
Adaptation spatiale	■ Passer sous son pupitre sans y toucher.	■ Réussite	Oui | Non
	■ Sauter par-dessus les cerceaux sans y toucher.	■ Réussite	Oui | Non
Notions spatiales	■ Sauter en avant, en arrière d'une chaise.	■ Réussite	Oui | Non
Orientation spatiale	■ Reproduire un trajet.	■ Concentration ■ Hésitation	Oui | Non Oui | Non
Structuration spatiale (après 7 ans)	■ Calculer le nombre de grands pas nécessaires pour traverser une pièce.	■ Réussite	Oui | Non
Espace graphique	■ Dessiner des figures entre deux lignes.	■ Réussite	Oui | Non

TABLEAU 5.7. **Bilan psychomoteur - Temps**

OBJECTIFS	ACTIVITÉS	ÉVALUATION	
Régularisation des mouvements	■ Se balancer sur ses pieds en suivant un rythme imposé.	■ Régularité	Oui | Non
Adaptation à un rythme	■ Marcher, courir au rythme du tambour.	■ Adaptation	Oui | Non
Répétition d'un rythme	■ Reproduire, en tapant des mains, le rythme que marque l'éducateur.	■ Concentration	Oui | Non
Notions temporelles	■ Bouger les bras lentement puis rapidement.	■ Réussite	Oui | Non
Orientation temporelle	■ Faire rouler la balle et courir plus vite qu'elle.	■ Réussite	Oui | Non
Structuration temporelle	■ Traverser une pièce dans le même laps de temps que la durée d'une mélodie.	■ Réussite	Oui | Non

LE PROFIL PSYCHOMOTEUR

La fiche du profil psychomoteur (tableau 5.8.) est la reproduction graphique des résultats obtenus par l'enfant aux différents exercices exécutés dans le bilan psychomoteur (tableaux 5.2. à 5.7.). Dans cette fiche, l'éducateur pourra concentrer les observations notées dans la troisième colonne de chaque partie du bilan et ainsi obtenir un profil individuel ou de groupe.

TABLEAU 5.8.   Fiche du profil psychomoteur

OBJECTIFS	A(excellent)	B(moyen)	C(faible)
PERCEPTION SENSORIMOTRICE			
Perception visuelle			
Perception tactile			
Perception auditive			
MOTRICITÉ			
Mouvements locomoteurs			
Contrôle postural			
Dissociation			
Coordination dynamique			
Coordination visuomotrice			
Motricité fine			
SCHÉMA CORPOREL			
Imitation directe			
Exploration			
Notions corporelles			
Utilisation du corps			
Création			
LATÉRALITÉ			
Différenciation globale			
Orientation du corps propre			
Orientation corporelle projetée			
ESPACE			
Adaptation spatiale			
Notions spatiales			
Orientation spatiale			
Structuration spatiale			
Espace graphique			
TEMPS			
Régularisation des mouvements			
Adaptation à un rythme			
Répétition d'un rythme			
Notions temporelles			
Orientation temporelle			
Structuration temporelle			
MOYENNE	A	B	C

EXERCICES PSYCHOMOTEURS

Le profil psychomoteur précédent contient les objectifs fondamentaux de l'éducation psychomotrice. Pour aider l'enfant à les atteindre, nous suggérons un programme comprenant d'abord un *tiroir d'exercices*, ensuite une *classe-type*, comportant des activités de groupe auxquelles pourront participer tous les enfants d'une même classe dans la salle de travail de l'éducateur.

LE TIROIR D'EXERCICES

Nous avons élaboré un *tiroir d'exercices* qui, nous l'espérons, deviendra un outil pour l'éducateur dans son choix d'activités psychomotrices reliées aux objectifs du bilan psychomoteur. Il ne s'agit pas d'un cahier de recettes, mais plutôt d'un guide que l'éducateur pourra adapter à son groupe. Par les nombreuses fiches constituant le tiroir, nous proposons à l'éducateur différentes façons de combiner les exercices en utilisant un matériel didactique varié et approprié à l'exécution des différents mouvements, selon les besoins de chaque enfant.

Le lecteur notera que les fiches sont toutes construites sur le même modèle. Dans la partie supérieure gauche, nous avons indiqué les objectifs généraux et spécifiques du type d'exercices en question. Chaque fiche est divisée en trois rubriques: sous la première, nous décrivons le matériel à utiliser pour l'exécution des exercices énumérés sous la troisième - l'éducateur pourra varier ce matériel à sa convenance; sous la deuxième rubrique, nous donnons les mouvements servant à l'exécution des exercices; enfin, sous la troisième, nous présentons un ou plusieurs exercices répondant aux objectifs de la fiche.

À partir de cette série d'exercices et du matériel didactique suggéré, l'éducateur pourra construire une *classe-type*, comme nous l'avons fait dans la dernière partie de ce chapitre; il imaginera un *thème* à partir duquel il élaborera et mettra en pratique une série d'activités psychomotrices reliées aux objectifs psychomoteurs énumérés au tableau 5.1.

1   Objectif général :   PERCEPTION SENSORIMOTRICE
        Objectif spécifique: PERCEPTION VISUELLE

MATÉRIEL DIDACTIQUE SUGGÉRÉ	*MOUVEMENTS SUGGÉRÉS*	*EXERCICES SUGGÉRÉS*
Foulards	Gestes imitatifs	1) Trois enfants prennent la même position avec un objet puis l'un d'eux modifie la sienne. Les autres enfants doivent reconnaître celui dont la position est différente.
Cordes		
Baguettes de couleur		

2 Objectif général : PERCEPTION SENSORIMOTRICE
Objectif spécifique: PERCEPTION TACTILE

MATÉRIEL DIDACTIQUE SUGGÉRÉ	MOUVEMENTS SUGGÉRÉS	EXERCICES SUGGÉRÉS
Manches à balai	Marcher	1) Déposer sur un tapis mou différents objets durs et faire marcher les enfants pieds nus sur le tapis, les yeux fermés. En marchant sur les objets, ils doivent percevoir leur consistance dure par rapport à la mollesse du tapis.
Crayons		
Planches de bois minces		
Riz	Toucher	2) Mettre du riz, des haricots et du sucre séparément dans trois bols. Les yeux fermés, les enfants touchent les aliments et identifient ceux qu'ils reconnaissent.
Haricots		
Sucre		

3   Objectif général :   PERCEPTION SENSORIMOTRICE
**   Objectif spécifique: PERCEPTION AUDITIVE**

MATÉRIEL DIDACTIQUE SUGGÉRÉ	MOUVEMENTS SUGGÉRÉS	EXERCICES SUGGÉRÉS
Balle	Faire rebondir la balle	1) Les enfants s'assoient dos à l'éducateur. Celui-ci fait rebondir la balle, une, deux ou trois fois et les enfants devinent le nombre de fois.
Clochette		
Petits bouts de bois		
Flûte		2) Les yeux fermés, les enfants identifient le son des clés, de la flûte, du tambour.
Tambour		
Clés		

4 **Objectif général :** **MOTRICITÉ**
Objectif spécifique: **RELAXATION**

MATÉRIEL DIDACTIQUE SUGGÉRÉ	MOUVEMENTS SUGGÉRÉS	EXERCICES SUGGÉRÉS
	S'étirer	1) La poupée de chiffon: Les enfants détendent chaque partie de leur corps (d'abord la tête, puis le cou, les épaules, les bras, les mains, le tronc, les jambes, les pieds) jusqu'à se laisser tomber par terre. 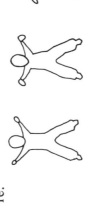 
	Faire des culbutes	
	Se détendre	2) Les enfants font des culbutes, s'étirent puis répètent l'exercice.
	Marcher	
	Courir	

5 Objectif général :   **MOTRICITÉ**
Objectif spécifique: **CONTRÔLE POSTURAL**

MATÉRIEL DIDACTIQUE SUGGÉRÉ	MOUVEMENTS SUGGÉRÉS	EXERCICES SUGGÉRÉS
Foulards	Se balancer	1) Deux enfants gardent l'équilibre sur un pied en tenant un foulard entre eux.
Boîtes de carton	Sauter	
Journaux	Marcher	
Chaises	Courir	2) Les enfants balancent le tronc et les bras en gardant les pieds fixes.
Ballons	Marcher à quatre pattes	
Pneus		3) Les enfants marchent en rond sur un pneu.
Cerceaux		
Cordes		4) Les enfants sautent sur un pied autour d'un cerceau. 

6 Objectif général :   MOTRICITÉ
Objectif spécifique: RÉGULATION TONIQUE

MATÉRIEL DIDACTIQUE SUGGÉRÉ	*MOUVEMENTS SUGGÉRÉS*	*EXERCICES SUGGÉRÉS*
Foulards	Tirer	1) Les enfants, couchés et tenant un foulard avec les deux mains, montent et descendent les bras.  
Cerceaux de bois	Pousser	
Cordes	Lever	
Journaux	Se balancer	2) Deux enfants placés face à face tirent sur le même cerceau sans bouger les pieds. 
Ballons		
Boîtes de carton		
Chaises		3) Deux enfants assis face à face tirent sur une corde.

7   Objectif général :   MOTRICITÉ
Objectif spécifique: LOCOMOTION - AUTOMATISME

MATÉRIEL DIDACTIQUE SUGGÉRÉ	MOUVEMENTS SUGGÉRÉS	EXERCICES SUGGÉRÉS
Pneus	Monter	1) Les enfants font tomber un pneu.
Feuilles de papier	Marcher à quatre pattes	
Boîtes de carton	Marcher	2) Les enfants grimpent sur les pneus empilés.
Cerceaux de bois	Courir	
Foulards	Ramper	3) Les enfants courent et dansent avec les foulards.
Chaises	Grimper	
		4) Les enfants montent sur les chaises.
		5) Les enfants rampent en soufflant sur un foulard.

Objectif général : MOTRICITÉ
Objectif spécifique: COORDINATION DYNAMIQUE

MATÉRIEL DIDACTIQUE SUGGÉRÉ	MOUVEMENTS SUGGÉRÉS	EXERCICES SUGGÉRÉS
Cordes	Sauter	1) Les enfants sautent à pieds joints par-dessus une corde.
Cerceaux	Ramper	
Journaux	Marcher à quatre pattes	
Boîtes de carton		

2) Les enfants sautent à pieds joints dans les cerceaux, puis sautent à l'extérieur en écartant les jambes.

3) Les enfants se traînent sur le dos en poussant leur corps avec les talons appuyés au sol.

9   Objectif général :   MOTRICITÉ
**   Objectif spécifique: DISSOCIATION**

MATÉRIEL DIDACTIQUE SUGGÉRÉ	*MOUVEMENTS SUGGÉRÉS*	*EXERCICES SUGGÉRÉS*
Journaux	Se déplacer assis	1) Les enfants courent en tenant une feuille de papier au-dessus de la tête, devant eux, etc.
Boîtes de carton	Marcher	
Ballons	Courir	2) Les enfants marchent en portant un caillou sur un pied.
Balles	Galoper	
Cerceaux	Marcher à quatre pattes	3) Les enfants portent une boîte pleine de foulards.
Cordes	Sauter	
Cailloux	Pousser	4) Les enfants se déplacent assis avec un foulard sur la tête, sans le faire tomber.
Feuilles de papier	Porter	
Foulards		

10 Objectif général : **MOTRICITÉ**
Objectif spécifique: **COORDINATION VISUOMOTRICE**

MATÉRIEL DIDACTIQUE SUGGÉRÉ	MOUVEMENTS SUGGÉRÉS	EXERCICES SUGGÉRÉS
Balles	Lancer	1) Les enfants font rebondir la balle avec la main, en marchant.
Foulards	Faire rebondir	
Journaux	Fixer	
Feuilles de papier	Galoper	2) Face à face, deux enfants tiennent une feuille avec la main; ils montent et descendent ensemble.
Boîtes de carton	Dessiner	
Boîtes de conserve	Écrire	
Cordes	Modeler	3) Une boîte vide est placée par terre, au milieu de la salle. À partir du coin de la salle, chacun leur tour, les enfants courent et donnent un coup de pied sur la boîte.
Ballons		
		4) Exercices de dessin, de préparation à l'écriture.

11 Objectif général : MOTRICITÉ
Objectif spécifique: MOTRICITÉ FINE

MATÉRIEL DIDACTIQUE SUGGÉRÉ	*MOUVEMENTS SUGGÉRÉS*	*EXERCICES SUGGÉRÉS*
Journaux	Donner des pichenettes	1) Les enfants font des modèles avec des boutons.
Feuilles de papier	Découper	
Boutons	Enfiler	2) Les enfants donnent des pichenettes sur des boutons pour les pousser d'un côté à l'autre de la table jusqu'à un carton que l'éducateur maintient à la verticale.
Perles	Dessiner	
Pâte à modeler	Modeler	3) Les enfants dessinent les traits du visage sur un sac en papier, puis les découpent avec des ciseaux ou les déchirent délicatement avec les doigts.
Sacs en papier	Froisser	
Ciseaux		4) Les enfants font de petites boules avec une feuille de papier journal en utilisant une seule main.
Crayons de couleur		

Objectif général : SCHÉMA CORPOREL
Objectif spécifique: IMITATION

MATÉRIEL DIDACTIQUE SUGGÉRÉ	MOUVEMENTS SUGGÉRÉS	EXERCICES SUGGÉRÉS
Ballons en baudruche	Marcher à quatre pattes	1) Tenant chacun un foulard, les enfants se placent en face de l'éducateur et imitent ses mouvements avec le foulard.
Journaux	Se balancer	
Foulards	S'étirer	
Chaises	Ramper	
Cordes	Tourner	
Boîtes de conserve	Marcher	2) Tenant chacun un ballon, les enfants prennent différentes positions en imitant l'éducateur.
Cerceaux	Courir	
	S'arrêter	
	S'asseoir	3) Les enfants imitent des mouvements d'animaux (chat, poisson, oiseau, etc.).

13 Objectif général : SCHÉMA CORPOREL
    Objectif spécifique: EXPLORATION

MATÉRIEL DIDACTIQUE SUGGÉRÉ	MOUVEMENTS SUGGÉRÉS	EXERCICES SUGGÉRÉS
Cerceaux	Porter	1) Les enfants placent un foulard sur différentes parties du corps, puis se traînent, rampent, marchent ou courent en portant le foulard.
Boîtes de carton	Pousser	
Boîtes de conserve	Déposer	
Cordes	Marcher	
Cailloux	Courir	2) Les enfants font un tunnel avec des cerceaux; puis ils passent à travers le tunnel.
Balles	Grimper	
Journaux	Ramper	
Foulards	Marcher à quatre pattes	3) Les enfants posent une, deux ou trois parties du corps sur un ballon.
Chaises	Se traîner	
		4) Les enfants rampent dans un tunnel rectangulaire qu'ils ont construit avec des boîtes de carton.

14 Objectif général : SCHEMA CORPOREL
Objectif spécifique: EXPLORATION

MATÉRIEL DIDACTIQUE SUGGÉRÉ	MOUVEMENTS SUGGÉRÉS	EXERCICES SUGGÉRÉS
Cerceaux	Porter	1) Un enfant s'asseoit dans une boîte de carton. Il sort l'une ou l'autre partie du corps, selon la consigne de l'éducateur.
Boîtes de carton	Pousser	
Boîtes de conserve	Déposer	
Cordes	Marcher	
Cailloux	Courir	
Balles	Se cacher	
Journaux	Grimper	2) Les enfants passent à travers un labyrinthe formé de pneus.
Foulards	Ramper	
Chaises	Marcher à quatre pattes	
Pneus		

15　Objectif général　:　SCHÉMA CORPOREL
　　Objectif spécifique:　UTILISATION DU CORPS

MATÉRIEL DIDACTIQUE SUGGÉRÉ	MOUVEMENTS SUGGÉRÉS	EXERCICES SUGGÉRÉS
Balles	Marcher à quatre pattes	1) Les enfants ont chacun un foulard et une boîte de carton. Ils font des constructions avec les boîtes; puis ils inventent un mouvement différent avec leur foulard pour chacune de leurs constructions.
Boîtes de carton	Sauter	
Boîtes de conserve	Grimper	
Cerceaux	Ramper	
Chaises	Marcher	2) Chaque enfant trouve trois façons différentes de passer sous une chaise.
Journaux	Courir	
Foulards		3) Les enfants ont chacun une balle qu'ils passent d'une main à l'autre, selon différents mouvements: les bras levés, les bras devant, la balle autour de la taille, avec un bond par terre, etc.
Pneus		

16 **Objectif général : SCHEMA CORPOREL**
Objectif spécifique: CRÉATION

MATÉRIEL DIDACTIQUE SUGGÉRÉ	*MOUVEMENTS SUGGÉRÉS*	*EXERCICES SUGGÉRÉS*
Balles	Courir	1) Les enfants miment des personnages, des animaux ou des choses: arbre, soldat, fleur, poupée, eau, cheval, etc. Ils raidissent ou amollissent leur corps de façon à bien sentir le contraste.
Foulards	Sauter	
Cerceaux	Marcher à quatre pattes	
Chaises	S'asseoir	
Pneus	Sauter	2) Les enfants miment différents métiers.
Cailloux	Marcher	
Boîtes de conserve	Se balancer	

17 Objectif général : LATÉRALITÉ
Objectif spécifique: DIFFÉRENCIATION GLOBALE

MATÉRIEL DIDACTIQUE SUGGÉRÉ	MOUVEMENTS SUGGÉRÉS	EXERCICES SUGGÉRÉS
Foulards	Sauter	Note: Dans tous ces exercices, les enfants doivent faire travailler les deux côtés du corps afin de bien les différencier.
Boîtes de conserve	Marcher	
Cerceaux	Pousser	1) Les enfants attachent un foulard rouge sur la jambe droite et un vert sur la jambe gauche; ils sautent ensuite sur un pied ou l'autre, selon la consigne de l'éducateur.
Balles	Marcher à quatre pattes	
Cordes	Courir	2) Les enfants sautent sur un pied, de chaque côté d'une corde tendue.
Chaises		
Cailloux		3) Les enfants poussent le ballon avec le pied gauche puis le droit, ensuite avec la main gauche puis la droite.

18 **Objectif général :** **LATÉRALITÉ**
Objectif spécifique: **ORIENTATION DU CORPS PROPRE**

MATÉRIEL DIDACTIQUE SUGGÉRÉ	*MOUVEMENTS SUGGÉRÉS*	*EXERCICES SUGGÉRÉS*
Feuilles de papier	Dessiner	1) Les enfants dessinent des cercles et d'autres figures sur une grande feuille de papier accrochée au mur, placée sur la table ou par terre; selon la consigne de l'éducateur, ils se servent de la main gauche ou de la main droite pour exécuter les dessins.
Cartons	Taper des mains	
Tableau	Taper du pied	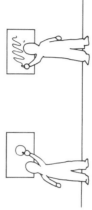
Craies		
Crayons		2) Les enfants suivent le rythme d'une chanson en tapant de la main droite et du pied droit, ou de la main gauche et du pied gauche, selon la consigne de l'éducateur.

19 Objectif général   :   LATÉRALITÉ
       Objectif spécifique: ORIENTATION CORPORELLE PROJETÉE

MATÉRIEL DIDACTIQUE SUGGÉRÉ	*MOUVEMENTS SUGGÉRÉS*	*EXERCICES SUGGÉRÉS*
Feuilles de papier	Marcher	1) Organiser un «stationnement» avec des feuilles de papier; les enfants doivent courir et stationner leur «véhicule» du côté droit ou du côté gauche.
Journaux	Courir	
Cerceaux	Marcher à quatre pattes	
Foulards		
Pneus		
Cordes		2) Les enfants suivent un trajet comportant des indications pour tourner à gauche ou à droite.
Chaises		

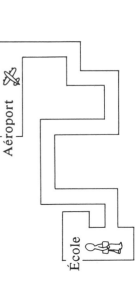

20 Objectif général : ESPACE
Objectif spécifique: ADAPTATION SPATIALE

MATÉRIEL DIDACTIQUE SUGGÉRÉ	MOUVEMENTS SUGGÉRÉS	EXERCICES SUGGÉRÉS
Journaux	Lancer	1) Deux enfants tiennent une corde, les autres sautent par-dessus ou passent en dessous avec pour consigne de ne pas y toucher.
Sacs de papier	Courir	
Cordes	Marcher	
Balles	Ramper	
Pneus	Marcher à quatre pattes	2) Un enfant tient un cerceau à la verticale et les autres lancent la balle au travers. Le cerceau est au départ immobile, puis en mouvement.
Boîtes de conserve	Sauter	
Cerceaux		3) Les enfants marchent puis sautent par-dessus des boîtes de conserve sans y toucher.

21 Objectif général   :   ESPACE
Objectif spécifique: NOTIONS SPATIALES

MATÉRIEL DIDACTIQUE SUGGÉRÉ	MOUVEMENTS SUGGÉRÉS	EXERCICES SUGGÉRÉS
Boîtes de conserve	Se cacher	1) Les enfants lancent une balle le plus loin possible dans la salle.
Foulards	Sauter	2) Les enfants marchent en cercle, en se tenant par les mains.
Balles	Lancer	3) Les enfants se placent devant une chaise, derrière, dessus ou dessous.
Journaux	Marcher	4) Ils s'asseoient près de la porte, près de la fenêtre, près du pupitre, etc.
Chaises	Courir	5) Ils sautent à l'intérieur et à l'extérieur d'un cerceau.
Cerceaux	Marcher à quatre pattes	
Pneus		
Cordes		

22 Objectif général : **ESPACE**
Objectif spécifique: **ORIENTATION SPATIALE**

MATÉRIEL DIDACTIQUE SUGGÉRÉ	*MOUVEMENTS SUGGÉRÉS*	*EXERCICES SUGGÉRÉS*
Cerceaux	Marcher	1) Les enfants reproduisent un trajet de mémoire, en marchant, en courant, etc., selon l'exemple de l'éducateur.
Foulards	Courir	
Chaises	Marcher à quatre pattes	
Journaux	Ramper	
Boîtes de conserve	Grimper	2) Les enfants font un trajet les yeux ouverts puis les yeux fermés.
	Sauter	

23 Objectif général :   ESPACE
    Objectif spécifique: STRUCTURATION SPATIALE

MATÉRIEL DIDACTIQUE SUGGÉRÉ	MOUVEMENTS SUGGÉRÉS	EXERCICES SUGGÉRÉS
Cordes	Marcher	1) Les enfants doivent imaginer, avant de l'exécu-ter, le trajet qui sera le plus court pour traverser un ruisseau.
Cerceaux	Sauter	
Boîtes de carton	Courir	
Cailloux	Marcher à quatre pattes	
Pneus		2) L'éducateur demande à un enfant: «En combien de pas (grands ou petits) peux-tu traverser ce champ de cailloux?
		L'enfant doit imaginer puis dire le nombre de grands pas ou de petits pas nécessaires, avant l'exécution de l'exercice.

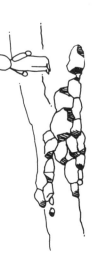

24 Objectif général : ESPACE
      Objectif spécifique: ESPACE GRAPHIQUE

MATÉRIEL DIDACTIQUE SUGGÉRÉ	MOUVEMENTS SUGGÉRÉS	EXERCICES SUGGÉRÉS
Tableau	Marcher	1) Les enfants marchent le long de cordes aux-quelles on a donné des formes différentes (préparation à l'utilisation de l'espace graphique).
Cordes	Courir	
Plumes	Marcher à quatre pattes	
Pâte à modeler	Dessiner	
Cailloux	Peindre	
Craies	Découper	2) Les enfants font rouler un caillou autour de figures dessinées sur le sol.
Feuilles de papier		
Cartons		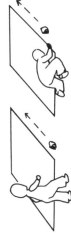
Crayons		3) L'éducateur dessine des figures sur un tableau. Les enfants en traçant d'abord le contour avec leurs mains; ensuite, ils pourront utiliser des feuilles ou des cartons pour reproduire les mêmes figures sur un plus petit espace.
Ciseaux		

25 Objectif général : **TEMPS**
Objectif spécifique: **NOTIONS TEMPORELLES**

MATÉRIEL DIDACTIQUE SUGGÉRÉ	MOUVEMENTS SUGGÉRÉS	EXERCICES SUGGÉRÉS
Balles	Taper	1) Les enfants tapent la balle lentement, rapidement, en faisant des bonds, etc.
Journaux	Lancer	
Chaises	Courir	
Cerceaux	Marcher à quatre pattes	
Foulards	Sauter	2) Les enfants marchent, puis sautent, etc., en faisant du bruit avec les pieds; puis ils font les mêmes mouvements sans faire de bruit.
Cailloux		
Boîtes de carton		3) À l'écoute d'un son aigu, les enfants se lèvent, marchent puis s'arrêtent sur des feuilles de papier journal. À l'écoute d'un son grave, ils courent puis s'arrêtent en sautant sur un foulard.
Boîtes de conserve		
Flûte		
Piano		

26 Objectif général : **RYTHME**
Objectif spécifique: **ORIENTATION TEMPORELLE**

MATÉRIEL DIDACTIQUE SUGGÉRÉ	MOUVEMENTS SUGGÉRÉS	EXERCICES SUGGÉRÉS
Cailloux	Marcher	1) Les enfants lancent une balle vers la porte, puis courent «plus vite que la balle» pour arriver avant celle-ci à la porte. 
Balles	Courir	
Cerceaux	Sauter	
Foulards	Galoper	2) Avec un cerceau, l'éducateur exécute une série de trois mouvements différents, puis les enfants la reproduisent dans le même ordre. 
	Se balancer	
	S'asseoir	

27 Objectif général :   **RYTHME**
Objectif spécifique: **STRUCTURATION TEMPORELLE**

MATÉRIEL DIDACTIQUE SUGGÉRÉ	*MOUVEMENTS SUGGÉRÉS*	*EXERCICES SUGGÉRÉS*
Cordes	Marcher	Choisir un mouvement ci-contre pour chacune des formes suivantes. Changer l'ordre des mouvements: A–B–C–D, D–C–B–A, B–A–D–C, etc.
Instruments de percussion	Courir	
Boîtes de conserve	Galoper	
Cerceaux	Marcher à quatre pattes	
Balles		

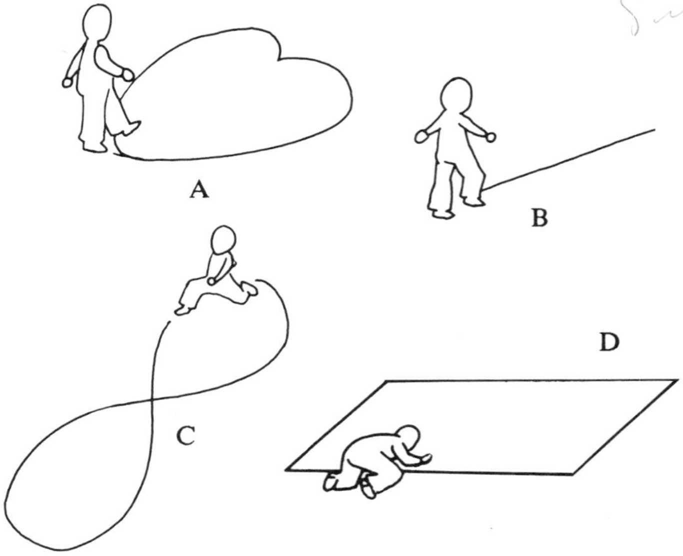

26 **Objectif général :**   TEMPS - RYTHME
Objectif spécifique: ADAPTATION À UN RYTHME

MATÉRIEL DIDACTIQUE SUGGÉRÉ	*MOUVEMENTS SUGGÉRÉS*	*EXERCICES SUGGÉRÉS*
Disques ou cassettes	Courir	1) Les enfants marchent ou se balancent en suivant un rythme musical: ils doivent s'arrêter au moment où l'éducateur arrête la musique et se remettre en marche lorsqu'ils entendent à nouveau la musique.
Boîtes de conserve	Marcher	
Cordes	Galoper	2) L'un derrière l'autre, deux enfants tiennent chacun un bout de la corde et marchent, courent puis galopent au son de la musique.
Balles	Se balancer	

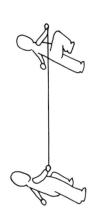

29   Objectif général :   TEMPS - RYTHME
   Objectif spécifique: RÉGULARISATION DU MOUVEMENT

MATÉRIEL DIDACTIQUE SUGGÉRÉ	*MOUVEMENTS SUGGÉRÉS*	*EXERCICES SUGGÉRÉS*
Cerceaux	Sauter	1) Les enfants sautent par-dessus les cerceaux, en suivant le rythme imposé par l'éducateur. 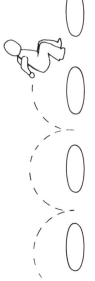
Pneus	Faire rebondir	
Balles	Lancer	
Boîtes de carton	Courir	
Chaises	Marcher	
	Galoper	
	Marcher à quatre pattes	2) Les enfants lancent une balle une fois en l'air puis la font rebondir par terre une fois. Ils répètent ces mouvements: deux fois en l'air, deux fois à terre; deux fois en l'air, une fois à terre; etc. 

LA CLASSE-TYPE

Comme nous l'avons mentionné plus haut, c'est ici que l'éducateur élabore et met en pratique une série d'activités psychomotrices reliées aux objectifs psychomoteurs précités. Les activités gravitent autour d'un thème qu'il a préalablement déterminé (par exemple: un *théâtre de marionnettes*, une *ruche d'abeilles*, une *saison*, etc.).

Ici nous avons choisi pour thème le *cirque*. Les enfants deviennent des animaux qui font partie du spectacle (on pourrait aussi ajouter des clowns, des acrobates, etc.). Les activités s'étendent sur une période de 45 minutes environ; elles touchent la motricité, le schéma corporel, l'espace et le temps.

LE CIRQUE

OBJECTIFS	ACTIVITÉS
MOTRICITÉ	1. *La mise en place du chapiteau*
Mouvements locomoteurs, contrôle postural, utilisation de l'espace complet de la salle.	Chaque animal a sa place au cirque, laquelle est marquée par un cerceau. Tous les animaux vont se promener dans la salle en laissant leur cerceau à leur place. Ils se promènent en marchant tour à tour comme des girafes (sur la pointe des pieds, les bras en l'air et le corps bien étiré), comme des éléphants (sur les mains et les pieds) et comme des ours (debout, lentement et lourdement, en se balançant d'un pied sur l'autre).

Puis le groupe se divise en trois: les éléphants, les girafes et les ours.

LE CIRQUE (suite)

OBJECTIFS	*ACTIVITÉS*

SCHÉMA CORPOREL

Apprentissage du vocabulaire des parties du corps.

2. *La préparation*

Avant de commencer le spectacle, les animaux doivent passer un examen médical.

- D'abord ils se couchent par terre et vérifient s'ils peuvent bouger leurs bras, leurs jambes, etc.; en même temps, ils nomment les parties du corps qu'ils bougent.

- Debout, ils bougent chaque partie du corps nommée par le médecin (l'éducateur).

3. *L'ouverture*

Adaptation du corps à l'espace

Dissociation

- Les ours, debout, font passer un cerceau des pieds à la tête.

- Les éléphants portent quelque chose sur le dos, par exemple un cahier.

- Les girafes, les bras élevés, portent un ballon dans les mains.

LE CIRQUE (suite)

OBJECTIFS	*ACTIVITÉS*

ESPACE

4. *Le défilé*

Structuration spatiale (apprentissage de différentes formes)

Les girafes, les ours et les éléphants se promènent en formant soit une ligne, soit une courbe, etc.

TEMPS

5. *L'orchestre*

Capacité de s'adapter à un rythme.

Les animaux s'asseoient pour former un orchestre.

L'éducateur chante une chanson portant sur les animaux.

- Les girafes suivent le rythme en fredonnant ou en faisant du bruit avec la bouche.

- Les ours scandent le rythme en tapant du pied.

- Les éléphants tapent des mains en cadence.

LE CIRQUE (suite)

OBJECTIFS	*ACTIVITÉS*

RELAXATION

Relâchement de tout
le corps.

6. *Le repos*

Après avoir fait un si joli spectacle, tous
les animaux sont très fatigués; ils vont
maintenant se coucher, fermer les yeux et
se reposer. Tout le corps est lourd,
lourd...

Après quelques minutes, l'éducateur passe
auprès de chaque enfant et lui touche une
partie du corps pour le réveiller.

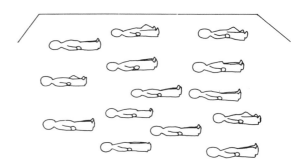

CONCLUSION

Nous sommes consciente que le domaine de la psychomotricité est encore trop peu connu, que son niveau d'exploration théorique et pratique demande à être approfondi et que les recherches comparatives doivent se multiplier si l'on veut offrir encore plus de réponses concrètes aux divers intervenants dans la poursuite de leurs objectifs.

Dans cet ouvrage, nous avons voulu souligner l'importance du développement psychomoteur de l'enfant d'âge préscolaire. Nous avons insisté sur les concepts qui nous paraissent d'un intérêt primordial pour la compréhension de l'éducateur vis-à-vis du développement de l'enfant. Nous avons tenté d'établir un lien entre les concepts de base de la psychomotricité et les concepts piagétiens sur le développement cognitif, pour ensuite proposer des exercices pédagogiques qui en permettent l'application dans les garderies et dans les classes préscolaires et élémentaires.

Compte tenu du potentiel génétique de l'enfant, la qualité de son adaptation au monde dépend indéniablement de la relation qu'il établit avec son milieu environnant. La mésadaptation, qui se manifeste généralement par des problèmes de comportement et d'apprentissage scolaire, peut être considérée comme une dénonciation du milieu social qui n'arrive pas à répondre aux exigences du développement de l'enfant.

S'il est actuellement difficile, sinon impossible, de modifier la structure génétique de l'enfant, il est par contre possible, souhaitable et réalisable d'agir sur le milieu environnant qui est un des facteurs principaux du développement. Nous faisons tous et toutes partie de ce milieu sur lequel nous pouvons par conséquent agir.

La qualité du développement de l'enfant, l'harmonie de son intégration et l'actualisation de son potentiel dépendent du type de relation que nous établirons avec lui, de la qualité de l'alimentation affective, sensorielle, cognitive et motrice que nous lui fournirons. À travers l'éducation psychomotrice, nous proposons un moyen de stimuler, de régulariser et d'actualiser ce potentiel, et du même coup de contrer ou de prévenir les dysharmonies et les blocages développementaux.

Ce que nous avons présenté ne constitue qu'une toile de fond, un canevas sur lequel chacun devra maintenant créer et inventer des moyens, des exercices et des situations selon les contextes et les circonstances propres à chaque intervenant.

Pour notre part, nous espérons avoir convaincu le lecteur de l'importance de l'éducation psychomotrice dans le développement général de l'enfant, et lui avoir donné à la fois assez et assez peu d'exercices pour lui permettre d'en appliquer quelques-uns et d'en inventer une foule d'autres.

BIBLIOGRAPHIE

AJURIAGUERRA, J. DE, «Les bases théoriques des troubles psycho-moteurs et la rééducation de l'enfant», *Médecine et Hygiène*, 1961, vol. 19, p. 801-804.

AJURIAGUERRA, J. DE, «Le corps comme relation», *Revue Suisse de Psychologie (pure et appliquée)*, 1962, vol. 21, p. 137-157.

AJURIAGUERRA, J. DE, *Manuel de psychiatrie de l'enfant*, 2e édition, Paris, Masson, 1974.

AJURIAGUERRA, J. DE et G. SOUBIRAN, «Indications et techniques de rééducation psychomotrice en psychiatrie infantile», *Psychiatrie de l'enfant*, 1959, vol. 2, p. 423-494.

AJURIAGUERRA, J. DE et M. STAMBAK, «L'évolution des syncinésies chez l'enfant», *Presse Médicale*, 1955, vol. 63, n° 39, p. 817-819.

BATTRO, A. M., *Dictionnaire d'épistémologie génétique*, Paris, P.U.F., 1966.

BERGE, Y., *Vivre son corps,* Paris, Seuil, 1975.

BERGES, J. et M. BOUNES, *La relaxation thérapeutique chez l'enfant*, Paris, Masson, 1974.

BERGES, J. et I. LÉZINE, *Test d'imitation des gestes*, Paris, Masson, 1974.

BERNARD, M., *Le corps*, Paris, Éditions Universitaires, 1972.

BERTRAND, M., *L'expression corporelle à l'école*, Paris, Librairie Philosophique, 1973.

BOURCIER, A. et R. MUCCHIELLI, *La dyslexie, maladie du siècle*, Paris, E.S.F., 1974.

BUCHER, H., *Étude de la personnalité de l'enfant à travers l'exploration psychomotrice*, Barcelone, Toray-Masson, 1973.

BUCHER, H., *Troubles psychomoteurs chez l'enfant*, Paris, Masson, 1970.

DUPRÉ, E. et P. MERKLEN, «La débilité motrice dans ses rapports avec la débilité mentale», rapport au *19ᵉ Congrès des aliénistes et neurologues français*, Nantes, 1909.

ERICKSON, E., *Enfance et société*, Neuchâtel, Delachaux et Niestlé, 1959.

GAGNARD, M., *L'initiation musicale des jeunes*, Paris, Casterman, 1971.

GESELL, A., *El niño de 1 a 5 años*, Buenos Aires, Paidos, 1956.

GESELL, A. et F.L. ILG, *Le jeune enfant dans la civilisation moderne*, Paris, P.U.F., 1956.

HIRSCH, T., *Musique et Rééducation*, Neuchâtel, Delachaux et Niestlé, 1968.

INRDP (INSTITUT NATIONAL DE RECHERCHE ET DOCUMENTATION PÉDAGOGIQUE), «Intuition et construction de l'espace», *Écoles Maternelles*, France, 1970.

LAPIERRE, A., *Asociaciones de contrastes, estructuras y ritmos*, Barcelone, Científico-Médica, 1977.

LAPIERRE, A. et B. AUCOUTURIER, *La symbolique du mouvement*, Paris, E.P.I., 1975.

LAPIERRE, A., *Les contrastes et la découverte des notions fondamentales*, Paris, Doin, 1973.

LAVAL, M.-J., *Guide d'expression et mouvement*, Ottawa, Brault et Bouthillier, 1975.

LE BOULCH, J., *Vers une science du mouvement humain*, Paris, E.S.F., 1971.

LE BOULCH, J., *L'éducation par le mouvement*, Paris, E.S.F., 1970.

LEGENDRE-BERGERON, M.-F., *Lexique de la psychologie du développement de Jean Piaget*, Chicoutimi, Gaëtan Morin éditeur, 1980.

LEMAY, M., *L'éclosion psychique de l'être humain*, Paris, Éd. Fleurus, 1983.

LEMAY, M., *J'ai mal à ma mère*, Paris, Éd. Fleurus, 1979.

LÉZINE, I., *Le développement psychologique de la première enfance*, Paris, P.U.F., 1965.

MENDEL, G., *Pour décoloniser l'enfant: socio-psychanalyse de l'autorité*, Paris, Payot, 1971.

MOLINA DE COSTALLAT, D., *Psicomotricidad del niño deficiente mental y psicomotor*, Buenos Aires, Losada, 1973.

NAVILLE, S., *Notes du cours de méthodologie en psychomotricité*, Genève, 1968.

OZERETSKI, N., «Échelle métrique du développement de la motricité chez l'enfant et l'adolescent», *Revue Hygiène mentale*, 1936, vol. 3, p. 53-75.

PIAGET, J., *Los años postergados, la primera infancia*, Buenos Aires, Paidos, 1975.

PIAGET, J., *Problemas de psicología genética*, Barcelone, Ariel, 1975.

PIAGET, J., *Six études de psychologie*, Genève, Éditions Gonthier, 1964.

PIAGET, J., *La naissance de l'intelligence chez l'enfant*, Neuchâtel, Delachaux et Niestlé, 1947.

PIAGET, J. et B. INHELDER, *La représentation de l'espace chez l'enfant*, Paris, P.U.F., 1947.

PICK, L. et P. VAYER, *Éducation psychomotrice et arriération mentale*, Paris, Doin, 1976.

RIGAL, R., R. PAOLETTI et M. PORTMANN, *Motricité, approche physiologique*, Montréal, Presses de l'Université du Québec, 1974.

ROSSEL, G., *Manuel d'éducation psychomotrice*, Paris, Masson, 1970.

SOUBIRAN, G.B. et P. MAZO, *La réadaptation scolaire des enfants intelligents par la rééducation psychomotrice*, Paris, Doin, 1974.

SPITZ, R., *La première année de vie de l'enfant*, Paris, P.U.F., 1963.

STAMBAK, M., *Tonus et psychomotricité*, Neuchâtel, Delachaux et Niestlé, 1963.

VAYER, P., *Le dialogue corporel*, Paris, Doin, 1971.

VAYER, P. et J. DESTROOPER, *La dynamique de l'action éducative*, Paris, Doin, 1973.

WALLON, H., «L'importance du mouvement dans le développement psychologique de l'enfant», *Enfance*, 1956, vol. 9, p. 1-4.

WILLEMS, E., *Introduction à la musicothérapie*, Vienne, Éditions Pro-Musica, 1970.

WILLEMS, E., *L'oreille musicale*, tomes I et II, Genève, Éditions Pro-Musica, 1965.

WILLEMS, E., *La préparation musicale des tout-petits*, Lausanne, Maurice Foetisch, 1950.

WINNICOTT, D.W., *Jeu et réalité*, Paris, Gallimard, 1975.

WINTREBERT, H., «Le profil psychomoteur de l'enfant de 5 à 12 ans», Communication prononcée au *Premier congrès européen de pédopsychiatrie infantile*, Paris, 1961.

WINTREBERT, H., «Rééducation psychomotrice, les thérapeutiques en neuropsychiatrie infantile», *Sauvegarde de l'enfance*, Paris, 1961.

INDEX